開運酒場

いからしひろき 文
芳澤ルミ子 写真

自由国民社

はじめに

「呑んで開運!」
本書は新しい酒飲みのカタチを提案する、
いままでありそうでなかった酒場ガイドです。

やることは、
街へ出て、パワースポットを詣で、
お清めと称して近くの酒場で一杯飲る。
それだけ。

神様からはご利益を、
酒場からは元気をもらい、
また明日から頑張ろうと思う。
これぞ運気の好循環。

しかし、どんな酒場でも良いわけじゃない。
開運酒場とはどんな酒場なのか？
そのポイントは次の通り。

①風情とオーラを感じる
②幸福とすら思う居心地の良さがある
③当然ながら酒とアテが旨い
④店主の顔が福福しくて拝みたくなる
⑤常連客の醸し出す雰囲気がいい

これらが揃う酒場は、
もはやそれ自体がパワースポット。

さあ、アナタも運気を上げに「開運酒場」に出かけよう！

芳澤ルミ子
いからしひろき

目次

はじめに　2

其の壱《一》　出世運「烏の森の参道で〝出世柱〟をなでつつ飲む」　10
（東京・新橋）
新橋の飲み屋街と一体化した「烏森神社」で商売繁盛を祈願→参道の立ち飲み屋台「王将」でお清め

其の弐《二》　商売運「浅草の路地裏で商売の神髄にふれる」　22
（東京・浅草）
浅草寺の「鎮護堂」でリストラ除け地蔵にお祈り→運気あふれる銭湯「蛇骨湯」で体をお清め→「ＢＡＲねも」で〝神ってる卓上カレンダー〟ゲット?→「正直ビアホール」で商売上手な女将相手に〝ガンガン〟呑む

其の参《三》　成功運「縁起のいい名の銭湯と居酒屋で成功を誓う」　40

（東京・代々木八幡）

「代々木八幡宮」芸能人も通う出世稲荷にお参り↓往年のスターの写真や色紙がびっしりの「大黒湯」で厄と汗をながす↓通称〝プラチナストリート〟の居酒屋「縁家とりつぎ」で成功者の仲間入り？

其の肆《四》　勝負運「将棋の聖地で冷え冷えのペンギンを飲《や》る」　54

（東京・千駄ヶ谷）

将棋の聖地「鳩森神社」で都内最古の富士塚に登る↓棋士行きつけの居酒屋「みろく庵」で棋士の〝勝負めし〟をつまみに一献

其の伍《五》　ギャンブル運「センベロの聖地でイチかバチかのハシゴ酒」　68
（神奈川・野毛）
〝関東のお伊勢さま〟こと「伊勢山皇大神宮」で必勝祈願↓やさしい中華屋「萬福」でチャーシューつまみにビールで明日を占う↓通称〝プロショップ〟「きよ」「きお」でギャンブル好きの常連客と杯を交える↓「ちょっとＢＡＲごっつぁん」で縁起物に囲まれて酔う

其の陸《六》　願掛け「弾丸飲んだくれツアーで未来のシアワセを願う」　90
（愛知・大須ほか）
早朝の「熱田神宮」をお参り↓名古屋の原宿「大須商店街」で「大須観音」に参拝↓孤高の立ち飲み屋「呑ミ星」で元祖レモンハイに酔う↓「喫茶　美奈須」で〝木神様〟を拝む↓老舗酒場「大甚」で未来永劫の繁栄を願う

其の漆 七 厄除け「うまいもんとうまい酒で災い知らず」 110
（大阪・京橋ほか）
最強厄除け「サムハラ神社」で指輪ゲット?!→立飲み「まるしん」の絶品つまみで厄払い→シベリア帰りの初代が開いた「クラスノ」で先人の苦労をしのぶ

其の捌 八 恋愛・家庭運「恋の聖地で妄想を肴にひとり飲み」 130
（兵庫・三宮）
「生田神社」で池の水に浮かべる恋みくじに挑戦→「皆様食堂」で家庭のありがたさを思う→「三徳」の〝動かぬ時計〟を見て家族の絆を感じる→「BARローズブーケ」で女性向けのカクテルを飲みながら女心を学ぶ

其の玖《九》　厄除け「戦火を逃れた坂の街で開運のハシゴ酒」 148

（広島・尾道）

「艮神社」（うしとらじんじゃ）で樹齢九〇〇年の〝クスノキ〟のパワーを浴びる↓「千光寺」で〝鎖修行〟に挑戦↓「後藤屋」瀬戸内海の幸に悶絶↓創業一〇〇年「向酒店」で年代物に囲まれつつ利き酒↓赤線の雰囲気残す歓楽街「新開（しんがい）」でハシゴ酒（ロダン、エルドール、クラウン）

其の拾《十》　幸運「縁起のいい地酒を座敷わらしの宿で味わう」 168

（山形・中山町ほか）

酒蔵「千代寿虎屋」で山形の地酒を試飲&しこたま買い込む↓座敷わらしの宿「タガマヤ村」で、座敷わらしを待ちながらのんびり飲む（果たして宝くじは当たったのか?）

壱 出世運

東京・新橋

烏の森の参道で
〝出世柱〟をなでつつ飲む

飲屋街と一体化する神社

今日は汐留で社長インタビューの仕事。

高卒で入社し、出世して社長に上り詰めるまでの苦労話をとっぷりと3時間聞かされた。その顔には〝ここまで上り詰めた〟という喜びと自尊心が滲み出ていた。

あー、出世したい！

若いときは、「出世なんてカッコ悪い」「出世するより好きなことをやりたい」なんて思っていたが、時間をさかのぼって自分にこう言ってやりたい。

「そういうことは出世してから言え」

出世とは成功の証し。出世できないのは努力か才能が足りないのだ。つべこべ言うならとりあえず出世してみろ——と、四十を過ぎて、しみじみそう思うのである。


仕事は終わった。

今日は出世したいサラリーマンが大勢集まるとなり街の新橋で飲むことにしよう。

街頭インタビューの名所であるＳＬ広場を抜け、目抜き通りを虎ノ門方面へとぶらぶら歩く。街では飲み屋とお色気の店の看板が競いあって、我が男心を誘惑する。ん、「ガールズワイナリー」？　ガールズバーの一種だろうか。あえてワインバーとしないところが、通ぶりたいオヤジの心理をくすぐる。隣のビルには「ガールズハイボール」だって。探せば「ガールズどぶろく」なんてのもあるかもしれない。

路地に入ってみると雰囲気は一変。そこには、古い店がひしめく昭和チックな飲み屋街があった。

後で調べたら、かつてこの辺りは「新橋南地」という花街で、全盛期には３００人近い芸妓がいたという。いまはその姿を見ることもないが、どこからともなく三味線の音色が聞こえてきそうな……。

都会のそぞろ歩きを楽しんでいると、突然、**「烏森（からすもり）神社」**という神社の前に出た。ＪＲ新橋駅の烏森口と同じ漢字だ。

神社といえば、周りに塀などがあり、木も鬱蒼と茂って「ハイ、ここから神社ね」となんとなく分かるものだが、ここは本当に〝気づいたら社殿の前にいた〟。しかも、参道には小料理屋や焼きとり屋が立ち並び、飲食店用の公衆トイレまである。

つまり、飲み屋街と一体化しているのだ。

いきなりのカオス感に一瞬立ちくらみしそうになったが、冷静になって神社を観察してみることにした。

社殿はすべてコンクリート製。しかしよく見ると、伝統的な神社建築の形をしている。なかなか気の利いたデザインだ。竣工は昭和46年とある。時代の勢いか、この頃の建物には凝ったものが多い気がする。

壁のガラスケースにお守りがいくつも飾られている。カラスのキャラクターが描かれた開運守りは、烏森にかけているのだろう。話のネタに一つ買おうと思ったが、社務所は閉まっている。時間外か？　夜の方が参拝客は多いと思うのだが……。

主神のウガノミタマノミコトは、商売繁盛・商取引成就にご利益があるという。つまりは出世にも効くってこと？　本来は信心深くないが、近ごろは神頼みも、まんざらじゃないって気分。ここはひとつお参りといこう。

二礼二拍手一礼と………。


さて。

お参りが済んだら、〝お清め〟だ。

烏森神社
烏森神社

出世柱のある屋台

烏森神社の参道の入り口にずいぶん年季の入った立ち飲みの屋台を見つけた。ボロボロののれんには、**「やきとり」**と**「王将」**の文字が交互に書かれている。よく見ると、柱は地面に固定されているから、一応店舗なのだろうが、見た目的にも情緒的にも、屋台と呼ぶのがしっくり来る。

客はサラリーマンらしき中高年男性が一人っきり。店の作りは、店主を中に囲むいわゆる「コの字」スタイルだ。「コ」の字の一辺はベンチになっていて、座ることもできるようだ。

黙々と立ち働く店主は、歳こそ重ねていそうだが、体格はよく、捩り鉢巻きで引き締まった顔は威厳十分。まるで不動明王。ちょっと怖い。だけど、こうやって出会ったのも何かの縁。意を決して、のれんをくぐる。

「いらっしゃい……」

睨むようにこちらを見る。チラリと見て、再び手元に目を戻す。それっきり何も言わない。

あせるな。まずは店内を観察。

メニューはと……壁に「日本酒」「ビール」と書かれた紙が貼られているが、肝心の値段の部分が途中から破れている。「日本酒30」？「ビール6」？　たぶん日本酒300円、ビール600円ということだろう。屋台で4桁ということはまずあるまい。

「え〜と、ビールください」

「あいよ」

大将が瓶ビールの栓を抜いて、コップとともに出してくれた。そう、屋台でビールといえば〝瓶〟だし、グラスではなく〝コップ〟というのがしっくりくる。手酌して、ぐいっと一杯、フハ〜ひと心地。

さて、料理のメニューはと……「もつ焼き1」「つくね20」と書かれた紙が貼られている。そう、こちらも値段の部分が途中から千切れているのだ。これも、もつ焼きが100円、つくねが200円ということは明白だが、やきとりは2種類しかないのか？　タレと塩は選べるのか？　強面の大将に怖気づいて聞きあぐねていると、

「とりあえず、勝手に出てきますから……」

隣にいたサラリーマン客が教えてくれた。大将が無口な店では、このように常連客がフォローしてくれることが多い。で、この〝センパイ〟によると、もつ焼きには種類があるが、一通り出されたものを食べきらないと、好みの部位、そしてタレか塩かも選べないという。

まず出てきたのは……カシラだ。ほどよい弾力が特徴の豚のこめかみ。噛めば噛むほど旨みが溢れ出てくる。すかさずビールをグイッ。うーん、これこれ！

次はレバーだ。大ぶりだが、食べた瞬間口の中でとろける。きっと新鮮なのだろう。これは酒が欲しくなる。

「すみません、お酒ください」

「あいよ」

他にもボチボチ客が集まり出してきた。

同僚らしい若いサラリーマン二人連れ。水商売風の熟年カップル。40代くらいの女性は一人で来てベンチに座り、文庫本を読みつつ瓶ビールをチビチビ……。

なんか、この自由な雰囲気、いい。

「ここにはね、出世柱があるんですよ」

さきほどやきとりの注文システムについて教えてくれた中年サラリーマンが再び話しかけてきた。

「出世柱？　何ですかそれ」

「大将、話してあげてよ」

大将はそう言われると、屋根を支える4本の柱のうちの一本をアゴで示した。

「店を始めて5年ごろかな。いつも柱を抱えるように飲んでいた平社員が、しばらくして〝課長になりました〟って来たんだよ。〝この柱のおかげです〟ってね。まあ最初はただの偶然だろうと思ってたんだけど……」

が、やがて〝この柱のおかげで出世した〟という客が相次ぐようになる。

例えば、ある国会議員は大臣になった。

ある若手歌手はテレビ番組のロケで来た年の暮

れに初の紅白出場を果たした。

ある親分は、「子分が来ても絶対に入れるなよ」と釘を刺した。子分に先を越されるのを恐れたからだ。

そしてある酒場詩人は、この店を足がかりにブレイクした。

若いサラリーマン客の一人は、その話を聞いたとたん、熱心に出世柱をさすり始めた。

「近々昇進試験があるんです!!」

確かにその柱だけ、手垢で黒ずんでいるように見える。

だけど、まさか、そんなことが本当にあるわけが……と疑う心を見透かしたかのように、大将が言った。

「まあ、本当かどうかは知らないよ。神頼みだって一緒だろ?　後は自分の努力次第さ」

帰り際、さりげなくその「出世柱」に触ってみた。

鈍感なせいか、何も感じなかった。

だがいつかこう言えるといい。

出世したのは、この柱のおかげです――と。

パワースポット

「烏森神社」／住所 東京都港区新橋2—15—5／祭神 倉稲魂命《うかのみたまのみこと》、天鈿女命《あめのうずめのみこと》、瓊瓊杵尊《ににぎのみこと》／ご利益 必勝祈願、商売繁盛、技芸上達、家内安全など／http://karasumorijinja.or.jp

酒場

「やきとり王将」／住所 東京都港区新橋 2—15—10 烏森神社入口／電話 070—6670—0393／営業時間 18時～21時／定休日 土・日・祝／日本酒300円、ビール600円、もつ焼き100円、つくね200円

弐 商売運

たぬき通り
鮒忠
六文銭
浅草もんじゃ こゑろっけ
舟和
芋ようかん
モリヤ ワールドビル
浅草西町会
たぬき通り
浅草
浅草もんじゃころっけ

東京・浅草

浅草の路地裏で商売の神髄にふれる

浅草の銭湯で身を清める

酒を飲むが甘いものにも目がない。特にあんこの和菓子が大好物で、原稿執筆の合間に大判のどら焼きの2〜3個はぺろりだ。

この1週間、食雑誌の取材で毎日浅草の甘味どころを巡っているが……さすがにきつい。今日も朝から、おしるこ→あんみつ→団子をハシゴ。糖分はとりすぎても頭がボーッとしてくるのだなぁ。何より舌が甘い物に飽き飽き。そろそろ辛いのがほしい。

よし、今日は浅草で飲んでいこう。

とはいえ、まだ午後の4時。酒場が本格的に開くまではまだ時間がある。せっかくの浅草。とりあえず、ぶらり散策といこう。

観光客で賑わう浅草寺の本堂をスタート。仲見世通りを雷門の方に向かって歩くが、あまりの人混みに、すぐ伝法院通りに逃げる。

このまま行けば浅草演芸場。昼間から落語ってのも洒落てるが……。

ふと、立ち並ぶ土産物屋の間に小体な赤門があるのを見つけた。中には庭園も見える。ちょっと入ってみようか。

奥に小さな木のお堂があった。説明板によると**「鎮護堂」**といい**〝おたぬきさま〟**が祀られているという。

かつてこの辺りにタヌキがたくさん住み着いていて、悪さをしていたというが、ある夜、住職の夢枕にタヌキが立ち、「我々のために祠を建ててくれれば、お返しに伝法院を火災から守ってやろう」と言ったそうだ。

で、夢のお告げ通り、明治16年（1883）に建てられたのがこの鎮護堂。そのおかげで、関東大震災や東京大空襲にも、この建物は燃えなかったという。

なるほど、横でのんきな顔をして立っているのがその〝おたぬきさま〟だな。

まずはお参り――。

ふとお堂の脇をみると、たくさんのお地蔵さんが祀られている。そのうちの一体は**「加頭（かとう）地蔵」**という。

説明書きを見ると、〝リストラ除け〟のご利益があるという。一度取れた首を繋いであるからだそうだ。こちらもいつクビが飛ぶ＝仕事の依頼が無くなるかわからぬ身。しっかりと拝んでおこう。

＊　　＊　　＊

出世
子育
おやす地蔵尊
加頭地蔵尊
加頭《かとう》地蔵尊
破損した頭部をつないであるため「加頭地蔵」の名がある。
首がつながるとの俗信から、サラリーマンらの信奉もある。
造立年代は不明。
金龍山　浅草寺

さて、鎮護堂を後にして、再び伝法院通りを進む。右へ行けばホッピー通りだ。居酒屋正ちゃんのモツ煮込みもいいが……そうだ、風呂によっていこう。浅草といえば**「蛇骨湯」**だ。

飲食店街の路地の奥に「蛇骨湯」はある。煙突も無く、鉄筋コンクリートのビルではあるが、江戸時代から続く老舗の銭湯だ。

何年ぶりか。一人暮らしの時は、飲んだ後にひとッ風呂浴びて帰ったものだが……懐かしい気分でのれんをくぐった。

受付はフロント式。大人４６０円は東京都公衆浴場の規定料金だ。１４０円の手ぶらセットは、手提げ袋の中にタオル・カミソリ・ハブラシが入っている。リンスインシャンプーとボディソープは浴室に備え付け。サウナは２００円。今日は欲張ってフルコースといこう。

脱衣所で着替えて浴室に入る。体を洗い、なみなみと湯をたたえた湯船に身をしずめる。黒湯の温泉だ。う～っ……思わずおじいちゃんのような声が出る。極楽……と言いかけて、それはさすがにやめた。

しかし、陽が明るいうちの銭湯は格別だ。陽が明るいうちの酒と同じで、ちょっとした罪悪感がある。ほかの人はまだ仕事しているのに……罪悪感ではなく優越感か。しかも蛇骨湯はサウナも露天風呂もある。日々の生活でこり固まった体と心がとたんにほどけていく……。

運気が上がるカレンダー

蛇骨湯の角に一軒のバーがあるのを見つけた。

「バーねも」

とある。

ねも？　どういう意味だ。時計は午後5時を回ったばかり。だが、看板の明かりは点いている。中が見えないのは不安だが、思い切って木の重い扉を開けた。

「いらっしゃいませ」

オールバックの髪型に白衣を着た男性がカウンターの中にいた。確かこの白衣は〝バーコート〟といって、正統派のバーの証しだ。

しまった、本気の店だ。

一瞬たじろいだが、ここで引き返すわけにはいかない。10メートルはある長いカウンターの中ほどに、緊張しながら身を預けた。

「何になさいますか」

ビール！とは言いづらい雰囲気。ここはひとつバーらしい一杯を。

「マティーニください」

「はい。〝マティニー〟ですね」

「マティニー？」

「はい。当店では昔ながらの呼び名を使っております」

「なるほど！……」

目の前のバーテンダー氏は、静々と〝マティニー〟を作り始める。その手つきは素人目にも無駄がなく、流れるようだ。

やがて、透き通った一杯が目の前に現れた。

「マティーニです」

一口飲んだ瞬間、キリッとした冷たい液体が、喉から胃に流れ落ちていった。なんという鮮烈さ。だけどアルコールの強さは感じられない。相当なアルコール度数だろうが、岩清水のようにスッと体に染み込んでくる。

やばい、いい店だ。

聞けばこちらの店は昭和36年の創業。日本のバーの草分けとしてその筋では有名なのだという。

店名の「ねも」は、マスターの名前「根本」からとられている。もっとも目の前にいる根本寛さんは二代目で、初代マスターは寛さんの父・根本元吉さん。80歳を過ぎていまだ現役だが、今日はまだ店には出てきていない。

それにしても、酒の品揃えがすごい。ウイスキーだけで1600本以上あるそうだ。だがそれはほんの一部。

「所有しているのはおよそ8万本。全部はとても店に置いておけないので、倉庫などに保管しています」

酒のためにどれくらい金をかけているんだろう……。

ウイスキーが飲みたくなってきた。でも、メニューが見当たらない。

「すみません。うちにはメニューが無いんです」

ウイスキーの値段は酒棚の段ごとに区別されている。下から順に1本3万円以下、同5万円以下、同10万円以下、そして同10万円以上。ショットは基本的にその10分の1。10万円以上の棚には1本100万円を超えるものもあるから、高いものは1杯10万円を超えることになる。

「はは。10万円なんて安いもんですよ。数年前には、1本600万円のウイスキーを常連のお客さま達と開けたことがあります。その時は一杯40万円でした」

とんでもない店に来てしまった。

一杯40万円って……。

「お次は何を召し上がりますか？」

「えーっと……」

「もちろん手ごろなものもございますよ」

「じゃあその、手ごろなウイスキーを」

「かしこまりました」

やがて、ショットグラスに琥珀色の液体が注がれた。

グレンファークラス21年。

はやくも芳醇な香りがたちこめる。さらに香りを開かせるために、スコットランドから持ち帰ったという〝マザーウォーター〟をティースプーン一杯だけ加水する。

一口目。何も変わらない……と思った瞬間、フワッと華やかな香りが鼻の中を駆け回った。

加水、やばい！

「ただしティースプーン一杯が限度です。よく1対1といいますが、それはもはや水割りです」

このウイスキーへの加水は、日本ではバーねもが広めたという。

世の中いろいろ知らないことが多い。

ウイスキー一杯に40万円出す人間もいると初めて知った。お金の価値って……。

「ところで……」

マスターは話し始めた。

「うちには、こんな縁起物がありまして……」

差し出したのは、一枚の卓上カレンダー。年末になると常連客に配っているという。一見なんの変哲もないが、すごいパワーを秘めているという。

きっかけは、ある年末の夜。

常連客の一人が会社経営に失敗し、十何億円もの借金を抱えてしまった。いつもは「他の客にやれよ」と受け取らなかったこのカレンダーを、この日ばかりはと、根本さんはコートのポケットに半ば押し込んで持たせた。するとそれから1年後。その常連客は見事、十数億円の借金を完済したという。

他にも、無くした財布が見つかったとか、商品がバカ売れしたとか……景気のいい話が続出。いつしか常連客の間では「商売運が上がるカレンダー」と言われるように。

「あの……そのカレンダーってもう……」

「申し訳ありません。まだ来年のを作っていないので」

そりゃそうだ。何月だよいま。

お会計して店を出る。

日はすでに暮れていた。

スタッフが２人、深々と頭を下げて見送ってくれた。

帰り際の根本さんの言葉が耳に残っていた。

「うちの店は高いです。それはいい酒を置いているからです。稼がないと通い続けられません。だから皆さん頑張って仕事をする。商売運が上がるって、そういうことじゃないですかね」

正直という名のビアホール

まっすぐ家に帰る気分になれず、夜の浅草を徘徊した。やがて浅草寺の裏の言問通りにぶつかった。そこで見つけた

「正直ビアホール」

という店に、半ば吸い込まれるように入った。

ホールというが、カウンターだけの小さな店。

カウンターの中には、年代物の生ビールサーバーと、熟年の女将。

「いらっしゃーい」

白髪のショートヘアに黒いタートルネックセーター、白い割烹着を粋に着こなし、なんともいえず、いい雰囲気。

店内には黒電話や長嶋茂雄の羽子板、縁起物の仙台四郎の置物など昭和なアイテムが溢れている。もちろん流行りの昭和風酒場のような〝インテリア〟ではない。見るからに、長い時を重ねてきた「本物」だ。

さて、聞けばこの店には〝生ビール〟しかないという。しかも1杯だけはNG。

壁には〈ルール〉と書かれたこんな紙が……。

一杯は　ダメよ！
二杯は　お別れ
三杯は　身を切る
四杯は　死に損ない
五杯は　ごきげんよう
六杯目からは　さぁガンガン呑もう！

ルールというか脅迫だ。
うむを言わさず最初の一杯が出てきた。
霜をまとったうすはりグラス。
一口飲んで驚いた。うまい！
スイスイと喉に滑り込んでくる。
これなら確かに何杯でもいけそうだ。
つまみも勝手にイロイロ出てくる。都こんぶとビールが意外と合うのは新しい発見。
他に、6Pチーズに魚肉ソーセージ、おせんべい等々、どれも庶民的な味。

一杯40万円のウイスキーの後がこれ。
浅草、奥深すぎ。
そして、どちらの店も商売上手。
飲みたくなる、というか、飲まずにいられなくなる。
商売上手になりたいな……。
そう思いながら、半ば自動的に、二杯目のビールをお代わりした。

パワースポット

「浅草寺 鎮護堂」／住所 東京都台東区浅草2—3—12／祭神 お狸さま、加頭地蔵尊ほか／ご利益　火除け、盗難除け、諸芸向上、リストラ除け（加頭地蔵尊）など※開堂は6時～17時（10月～3月は6時30分～）／http://www.senso—ji.jp/guide/guide14.html

「蛇骨湯」／住所 東京都台東区浅草1―11―11／電話03―3841―8645／営業時間13時～23時40分／定休日 火／ http://www.jakotsuyu.co.jp/

酒場

「バーねも」／住所 東京都台東区浅草 1―11―11／電話 03―3841―1650／営業時間17時～深夜2時／定休日 無休／カクテル800円～、ウィスキー1000円～

「正直ビアホール」／住所 東京都台東区浅草2―22―9／電話 03―3841―7947／営業時間 17時～21時30分／定休日 不定休／ビール600円（ただし一杯だけの注文は不可）

㊂ 成功運

東京・代々木八幡

縁起のいい名の銭湯と居酒屋で成功を誓う

芸能人も足を運ぶ出世の神様

たまにテレビの台本なども書いている。

今日は渋谷の某テレビ局で打ち合わせ。

当たり前だがテレビ局は芸能人が多い。何年もこの仕事をしているが、いまだに「お、○○だ」「ああ、○○○はやっぱりきれいだなあ」とミーハー気分が抜けない。

打ち合わせを終え、遅い昼飯を求めて井の頭通りを代々木公園方面へ進む。もう2時すぎ。いわゆるランチタイムは終了だ。

案の定、どこも「休憩中」。

気づいたら代々木八幡駅まで来ていた。

代々木八幡駅は、その名の通り**「代々木八幡宮」**のお膝元。ふとお参りしてみようという気になった。

というのも、今日打ち合わせしたディレクターが「ハチマン、まじやばいですよ」と言っていたのを思い出したからだ。

「あの辺って芸能人がすごい住んでで、住むと必ず売れるそうですよ」

確かにそんな噂は聞いたことがある。

とあるお笑い芸人が、テレビでお参りしていると言ったところ、ファンが殺到したとか。

まあ、いまさら焦ってもろくな昼飯にはありつけまい。ここはのんびりお参りでもして、早めの夕食をとることにしよう。

代々木八幡宮の入り口は山手通り沿い。急な階段を登って境内の中に入ると、そこはうっそうとした森。ゆるやかでうねうねとした石畳の坂道を登っていくと、やがて社殿前の広場に出た。

有名な割には、さほど大きくなく、派手さもない。銅ぶきの屋根の青さと、木の茶のシンプルなツートンカラーが洗練されたイメージだ。

とりあえずお参り――。

ふと、社殿の横に小さな鳥居があるのに気づいた。赤と白のノボリがぎっしり。

近づいてよく見ると**「代々木出世稲荷大明神」**とある。

なるほど。これか。

なにゆえに出世なのか。その由来書は見つからなかったが、ここまでドーンと「出世」と書かれたら、信じるしかないという気になる。

奥には小さなお稲荷さん。まわりを神の使いのキツネが取り囲む。ネコが日向ぼっこしているように見えた。

出世しますように——。

カオスな銭湯でひとっ風呂

地蔵通り商店街を代々木上原方面に向かって歩く。この通り、例のディレクターによれば、出世する有名人にちなんで「プラチナストリート」と呼ばれているそう。

まだ午後4時前。当然ながら店を開けている飲み屋はない。もはや空腹はピークを越え、どちらかというと喉がビールを欲していた。

こういう場合は銭湯だ。とことん喉を乾かしてやろう。

しばらく歩いていると……発見！　その名は**「大黒湯」**。縁起のいい名前だ。半露天のコ

インランドリーの奥に入り口がある。

それにしても、通路に貼られた芸能人のサインの数がすごい。加山雄三にアグネス・チャン、村田英雄に都はるみ……昭和だ。

男と女で入り口が分かれていた。男湯の入り口には大きな犬の置物。そして壁には高倉健主演の任侠ポスター。

受付はフロント式。大人460円は言うまでもなく東京都の公衆浴場料金だ。本来は12歳以上からだが、「新中学生」は「御祝い」と称して360円だそう。サウナ代と合わせて760円を支払い、脱衣所へ向かう。

脱衣所がまたカオスであった。

もはや見なれたサイン色紙に加え、象牙や石、作者不明の油絵などが雑然と飾られている。大黒湯だけに大黒様の木彫りの人形……と思ったら恵比寿さま。大黒さまなら釣竿じゃなく小槌だ。その横に従えるはくまのプーさんとバズライトイヤー。

風呂場でもカオスぶりは止まらない。

湯船は赤・青・緑でライトアップ。「でんき風呂」「ミストサウナ」「ラドン風呂」とイベント風呂が充実しすぎ。

高温サウナは、脱衣所の隣の休憩スペースにあるので、一度浴室を出て、フルチンで移動。ただし広くて本格的だった。

風呂上がりは、任侠映画や八代亜紀のポスターが貼られた休憩室でコーヒー牛乳をグビリ。

この革張りのソファ、何人の裸の男たちが座ったのだろう……。

ああ、ビール飲みたい。

名前につられて入った店は…

なんともいえぬ開放感にひたりながら、プラチナストリートを歩く。

雰囲気のいい居酒屋を見つけた。

「縁家とりつぎ」

またしても縁起のいい名だ。

迷わず入り口の扉を開けた。

「いらっしゃいませ」

白衣を着た板前がカウンターの中で作業をしながら声をかけてくる。おそらくこの店の大将だろう。

「お一人さま？」

奥から女将さんらしき女性が出てくる。

「どうぞこちらへ」

カウンターの奥に案内された。

店内は10人ほど座れるL字カウンターに、掘りごたつ式のテーブルが3卓ほど。壁には薄型テレビ。昔は居酒屋にテレビなんてと思っていたが、いまは話のきっかけになるからそれもイイと思う。

夕方5時すぎ。客はまだいない。自分が最初の客というのは気分がいい。口開けの酒や一番風呂と同じで、得した気分になる。

「お飲物は何にしましょう?」

女将が聞いてくる。

最初はもちろんビール。中生だ。

料理はというと……壁のホワイトボードに「本日のおすすめ」とある。お刺身の三種盛りは「鮪・鯛・いさき」。９８０円（※取材時）。安い。鮪と鯛が漢字なのもいい。魚にこだわっているように見える。もちろんイメージだが。イメージ大事。これにしよう。

定番メニューもチェックしとこう。冷やっこ、まるごと冷やしトマト、砂肝ガーリック炒め、お肉屋さんのコロッケ、ポテトフライ……いきなり居酒屋メニューが並ぶ。

お、ふっくら玉子焼き。注文が入ってから焼くとあるから、おそらくだし巻きだ。これがあるなら期待できる。だし巻き玉子ほど、シンプルでありながら料理人の腕が出るものはない……と、誰かが言っていた。エビしんじょうと自家製つくね焼きも注文。

ビールが来た。まずは乾ききった喉をうるおす。

ング……ング……ング……ア〜〜〜うまい!

縁家
とりつぎ
縁家 とりつぎ
商い中

風呂上がり（しかも陽が高いうちの）ビールは最高だ。

お通しは炊いたウリに味噌をあえたもの。透明な翡翠色のウリがみずみずしい。一口食べると、しっかりダシが効いていてうまい。

聞けばご主人は、有名な京料理の店で20年ほど修行し、その後居酒屋チェーンで5年、そして5年前にこの店を始めたという。なるほど、砂肝ガーリック炒めやフライドポテトなど居酒屋メニューがあるのはそういうことか。

しばらくして刺身盛りが来た。華やかで凝った盛り付け。刺身の上に乗っている透明の四角いものは、「寒天で氷室の氷をイメージしました」とのこと。

刺身そのものの質もよかった。

次は日本酒にしよう。壁の「おすすめの日本酒」には、「出雲月山 特別純米酒」、「高天生純米吟醸」とある。酒屋の試飲会で美味しいと思ったものを出しているという。名前にひかれて「高天」を頼む。高い天——縁起がいい。

だし巻が来る。なかなかのボリュームだ。ほうばると……ハフッ、ハフッ、ダシが口中にあふれて、熱い！　でもうまい。すかさず注がれたばかりの冷たい日本酒をグイッ……タマらん！

エビしんじょう、自家製つくねも来た。ボリューム、味、ともに文句なし。

ああ、いい店見つけた。

やがて常連客も集まりだし、カウンター席はいっぱいに。

まだ午後6時前。こんな早い時間から酒を飲みにこれるなんて、一体どんな仕事をしているのだろう？　会話を小耳に挟んだところでは、地元の商店主やビル経営者などが多いよう。悠々自適というやつだ。

あー、成功したい。成功して、早い時間から飲みに来たい。でも待てよ、おれは成功してないけど、やってることは同じじゃないか……。

うーん、成功って何だ？

パワースポット

「代々木八幡宮」／住所 東京都渋谷区代々木5—1—1／祭神 応神天皇／ご利益 厄除開運、産業・文化の発展と守護、安産、子育て、家内安全、怨霊退散、渡航安全（交通安全）、開運出世（出世稲荷）など／http://www.yoyogihachimangu.or.jp/index.php

「大黒湯」／住所 東京都渋谷区西原3—24—5／電話 03—3485—1701／営業時間15時50分～翌1時30分（日曜は13時～）／定休日 第1・第3水曜日

酒場

「縁家 とりつぎ」／住所 東京都渋谷区元代々木町11―1 田中ビル1F／電話 03―3468―5389／営業時間 11時30分～14時、17時30分～23時（土曜は夜のみ）／定休日 日・祝／生ビール600円、日本酒一合550円～、お刺身の三種盛り1200円、揚げ出し豆腐580円、ふっくら玉子焼き680円　他

肆

勝負運

東京・千駄ケ谷

将棋の聖地で冷え冷えのペンギンを飲《や》る

将棋の神様にお参り

昔から〝勝負運〟がないと言われてきた。

古くは小学校の徒競走。決まってスタートダッシュでこけた。

今年こそと気合いを入れるほど空回り。

大学受験も失敗。模試では好成績を収めても、本番では頭が真っ白。仕方なく専門学校へ行った。

賭けごとも当然ながら勝ったためしがない。

パチンコは諦めたとたん別の人が座って大当たりを出すし、競馬はほぼ総流しで馬券を勝ったのに、〝これは来ないだろう〟と外した2頭が1・2着になったこともある。

「お前は勝負運が無いからな」

学生パチプロだった仲間からはしょっちゅうそう言われた。そいつには他人の勝負運が見えるらしい。

だから今回のプレゼンもきっと負けるだろう。千駄ヶ谷に本社があるアパレル会社のウェブサイトのリニューアルコンペ。大手広告代理店に混ざり、昔からの友人が社長を務め

るウェブ制作会社のコピーライターとして参加したのだが……説明はしどろもどろ。昨日夜更けまで練習したのに、「これでばっちり！」と油断して朝まで飲んだのが間違いだった。

申し訳なくて、「昼飯でも食ってこう」との友人の誘いを振り切り、そのまま歩いて街をさまよった。

気づいたら、神社の鳥居の前に立っていた。

「鳩森（はとのもり）八幡神社」。

こないだは新橋で烏森（からすもり）神社に出くわしたが、今度はハトか……。

まあいいや。午後の打ち合わせまでにはまだ時間がある。ちょっとお参りしていこうか……。

正面の参道から入ると、すぐ右手に小さなお堂が。厳重に鉄の柵で覆われている。

近づいて見ると「将棋堂」とある。中には大きな将棋の駒が鎮座していた。

由来書によれば、昭和61年に当時の将棋連盟会長・大山康晴が奉納した大駒で、現在は将棋の技術向上を目指す人々の守り神になっているという。

そういえば、この近くには将棋会館がある。

つまりここは「将棋の聖地」らしい。

お堂を取り囲む「棋力向上絵馬」には「プロ棋士になりたい！」「勝つ！」などの願いごとが書き連ねられている。棋士こそ勝負運が必要な職業だ。

俺には絶対ムリ。

社務所を覗いてみたら、やはり将棋に関するお守りがあった。「王手守」。棋力が向上し、様々な局面で指し勝てるようになるそうだ。

棋力はいらんが、せめて勝負強くなりたい……。

都内最古の富士塚に登る

気になったのが、本殿のそばにそびえる大きな岩山。数メートルはあるだろうか。石碑には**「千駄ヶ谷の富士塚」**とある。

なるほどこれが富士塚か。

江戸時代にたくさん作られた宗教的建造物で、本物の富士山に登ったのと同じご利益があるのだという。由来書によれば、この富士塚は1789年に作られたもので、現存するものでは都内最古だそうだ。

登山口が三つあり、途中の五合目のあたりには烏帽子岩や亀岩もある。頂上には奥宮や金明水や銀名水、釈迦の割れ石など、富士山にあるものを再現している。

とりあえず登ってみた。1分で頂上に着いた。

これで本物に登ったと同じご利益があるとはちょっと都合が良すぎる気がするが、まあ、ポジティブシンキングでいこう。

鳩森八幡神社
千駄ヶ谷の富士塚
一八〇〇円

〝勝負めし〟で勝負運アップ！

夏の盛りに小山に登り、汗をかいたし、喉も乾いた。もうこうなりゃヤケクソで〝昼からビール〟だ！

JR千駄ヶ谷駅に向かって歩く。右は東京体育館、左は津田塾大学。

カフェと名のつく店はいくつもあるが、飲みたいのはコーヒーではない。

駅に突き当たり、左折して線路沿いに歩く。

古風な木の看板とのれんの店を見つけた。

「みろく庵」。

渋い名前。

〝酒処・そば処〟

いいねえ。

店の前に立てかけられたメニューには、そばや定食のほか、つまみのメニューも多い。

これは飲めということだ。

迷わずのれんをくぐる。

みろく庵
KIRIN
LAGER BEER
キリン
冷しトマト
もろ胡
セロリ
生野菜
ポテトサラダ
串かつ
チキンかつ
チーズ揚
竹輪磯辺揚
川えび唐揚
イカフライ
ポテトフライ
肉じゃが
里いも煮

中はランチタイムで混んでいた。飲んでいる客はいなかったが、遠慮なく「生ビールください」と注文。

「はい」と女将さん。

料理メニューは女将さんにおすすめを聞いた。

「そうですね。うちは豆腐が美味しいといわれます」

改めてメニューを広げると、揚げもの、やきもの、天ぷらと並んでわざわざ「豆腐・納豆」の枠がある。

冷奴、なめこ豆腐、じょい豆腐……じょい豆腐？

「山芋の入った豆腐ですね」

〝じねんじょ〟だから〝じょい〟なのか。英語のＪＯＹっぽくて縁起がいいので、注文。

あとはどうしよう。

「里芋の煮たのなんてどうでしょう。鶏肉も入っているのでお腹にたまりますよ」

芋が被るが、まあいいか。〝里芋の煮たの〟なんて江戸っぽいし。

さて、そうこうしているうちに生ビールのグラスが

空いた。二杯目は何にしよう。さすがに正午をすぎたばかりで日本酒は気がひける。午後は仕事もあるし。

蕎麦焼酎。蕎麦湯割り。いいね。

「冷たいのもできますよ」と女将。

冷たいの？　その名も「ペンギン」。

シンプルでわかりやすいナイスなネーミング。

じゃあ、ペンギン一つ。

ちなみに温かい蕎麦湯割りは「そばそば」という。

ペンギンがきた。

見ため、カルピス。しかも薄いの。

一口飲む。冷たい。でも、蕎麦の香りがすごくいい。

ペンギン、夏にいい。覚えておこう。

じょい豆腐も〝里芋の煮たの〟も美味しい。

そろそろお腹にまとまったものを入れておこう。

とはいえ、いまさら定食はヘビーだ。

「うちは、将棋の人がよく来るんですけどね」

ほう、プロ棋士さんがね。

「ある方がよく頼むメニューが有るんですよ」

なんです、それは？

「肉豆腐」

肉豆腐？

「……にお餅をトッピングするんです」

……に餅？　合うのか？

まあ、そこは勝負の世界に生きるプロ棋士が頼むのだ。きっと勝負運が上がるだろう。

それ、いただきます。

しばらくして出てきたそれは、土鍋の中に短冊切りの豆腐が整然と並び、空いたスペースに豚肉、糸こんにゃく、ネギ、春菊が並んで煮えている。

その上に大きな餅が、ドーン！

問答無用、という感じだが、ほどよく焼き目がつき、いかにも美味しそうである。

さて味はというと……餅にそばつゆのダシが染み込み、絶品！　味が濃いめだから、ご飯にも酒のつまみにもなる。豆腐、餅、野菜、豚肉、栄養バランスもいい。さすが棋士。妙手であります。

本日の教訓。

常識にとらわれては、勝負に勝てない。豆腐に餅は合うのだ。

学んだところで、もう一杯！

パワースポット
「鳩森八幡神社」／住所 東京都渋谷区千駄ケ谷1―1―24／祭神 応神天皇・神功皇后／ご利益 商売繁昌、交通安全、海上安全、航空安全、工事安全、盗難除け、火難除け、棋力向上（将棋堂）など／http://www.yoyogihachimang

酒場
「和風そば処 みろく庵」／住所 東京都渋谷区千駄ケ谷4―19―14／電話 03―3403―6031／営業時間 11時～15時、17時～25時（日祝～24時）／定休日 月・元旦／生ビール（大）700円、レモンサワー320円、そば酎そば湯割り270円、じょい豆腐430円、里いも煮380円、肉豆腐590円 他 ※2019年3月31日閉店

伍 ギャンブル運

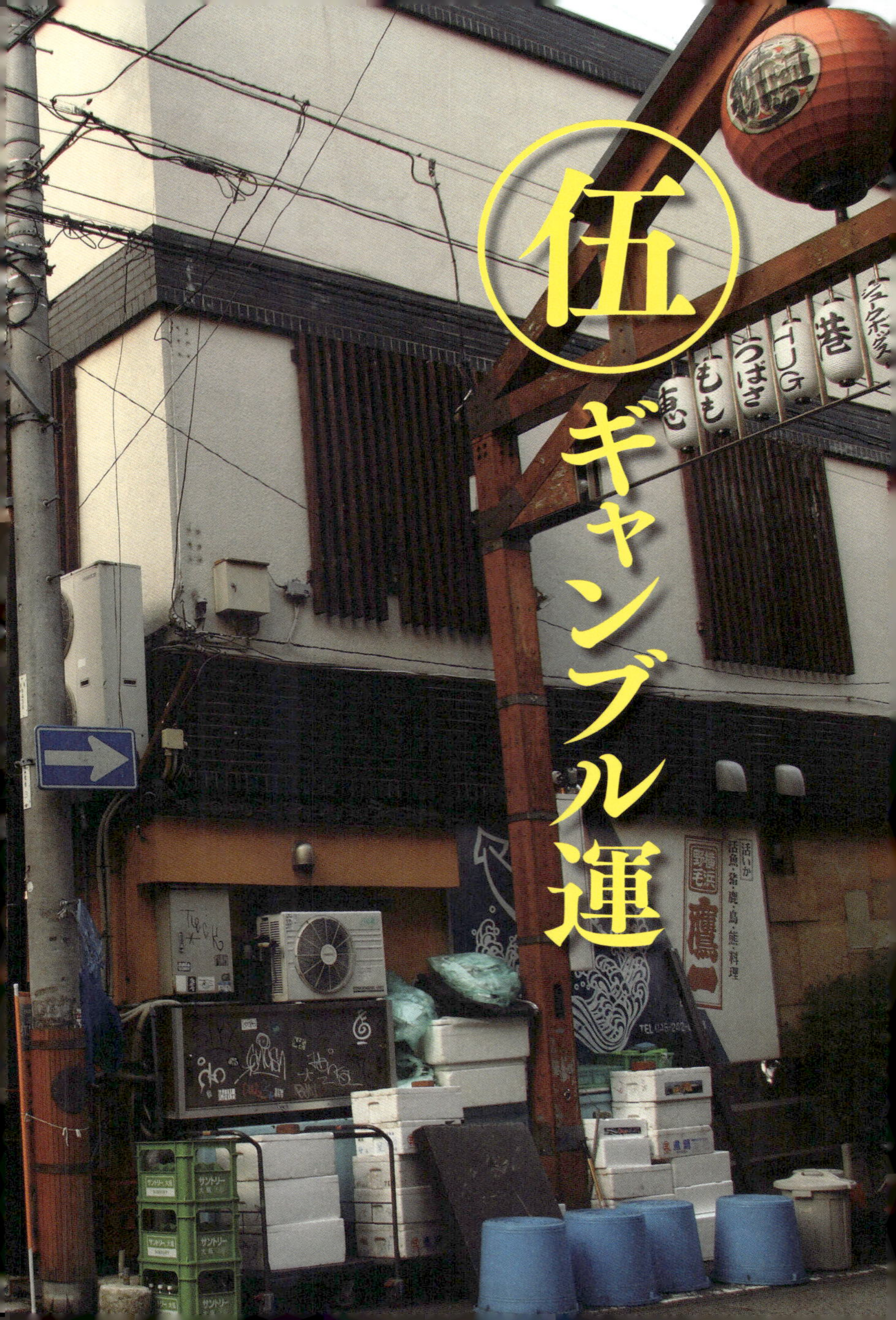

神奈川・野毛

センベロの聖地で イチかバチかのハシゴ酒

野毛の勝守

「勝守ってのがあんだよ」

競馬好きのあいつは言った。

「横浜の野毛にある神社でさあ、もらえるんだけど、なぁ、野毛に行く用事とかねえ?」

この時すでにあいつは末期の胃がんに冒されていて、もう自分の足では歩くこともできなかった。夏の終わりの病院のベッド。

神頼みなんてしないやつだと思っていたが、医者から手の尽くしようがないと言われたら、仕方ないか。

野毛に行くのはたやすい。だけど。

「ねえよ。そんなもん自分で行けばいいじゃねえか。元気になってさ」

励ますつもりでそう言った。

だが、その4日後。あいつは帰らぬ人となった。

葬儀の翌日の朝、京浜東北線で横浜方面へ向かった。

降りたのは桜木町駅。

駅前の急坂を左に折れ、続いてゆるやかな坂道を登りきった丘の上に、あいつが言った野毛の神社、**「伊勢山皇大神宮」**の参道入り口はあった。

階段の途中に大きな鳥居が二つ。

二つ目の木の鳥居をくぐると、社殿前の広場に出た。

社殿は質素な平屋建てで、神殿に白い布のようなものがたくさん垂れ下がっている。

どこかで見たことがある、と思ったら伊勢神宮とそっくりだ。祀られているのも伊勢神宮の内宮と同じ天照大御神。だから「関東のお伊勢さま」とも呼ばれるそう。

勝守

まずはお参り――。
そして、お目当ての「勝守」を社務所で探す。
あった。
緋色の袋に黒の縦帯。

その中心に「勝守」と金の糸で刺繍されている。

花の模様は桜だろうか。

巫女さんに聞いたら、ここは古くから桜の名所として知られており、春には社殿の前の鳥居を覆うように桜が咲くという。

やさしい中華料理屋

勝守を懐に入れ、昼過ぎに伊勢山を下る。

とりあえず義理は果たしたのだから、このまま家路についても良かったが、当然ながらそんな気分にはなれない。

となればやることは一つ……。

あてどなく街中をぶらぶらと歩く。

気づけば野毛の飲み屋街に迷い込んでいた。

何軒かはのれんを下げていたが、朝から何も食べていない。まずは、なにか胃袋に入れなければ。

ひなびた中華料理屋の前にさしかかった。

「萬福」。

名前からして、昭和の映画のセットのよう。

店の外のメニューには、ラーメン、ワンタン、タンメン、サンマーメンとある。横浜といえばとろみのついた肉そば、サンマーメンだ。よし、ここにしよう。

大きな赤い「喜喜」のマークのついた扉を開ける。

店内は赤い化粧板のテーブルに丸椅子と、これまた典型的な中華料理屋の装いだ。ビッシリ壁に貼られた漢字だらけのメニューも雰

囲気である。

先客は太った初老の男性が一人きり。汗をかきかき、ビールで餃子をやっている。

思わず喉がごくりと鳴った。

さんざ歩いて、喉はカラカラ。こんなにいい雰囲気の中華屋に来て、水で飯を食うこともない。

とりあえず瓶ビールで、喉をうるおそう。

で、飯は何を頼むか。

横浜といえばサンマーメン……とはいいつつ、それではあまりに芸がない。まずはつまみか。

「すみません、チャーシュー一人前」

すると店主が、

「この後、食事しますか?」

「ええ」

「だったら一人前は多いかもしれませんね」

確かにメニューには半人前もある。値段は一人前のちょうど半分。なんて正直なのだ。

「じゃあ半分で」

「はい」

やってきたその半人前チャーシューは、食紅で彩られ目に鮮やか。身肉も見るからに柔らかそう。

おもむろに箸で一枚つまむ。

プルプルッと波打つ肉の表面に、キラキラッと脂が輝く。

いただきます——むっ、これぞ日本の中華の味。

五香粉の風味が控えめな、〝やさしい〟チャーシューだ。ビールとも合う。量も半人前でよかった。

よし、今日は幸先がいい。

お次は……さあ、どうしよう。ここは強気に丼でいくか。葱油肉丼、青椒肉丼……と、あるメニューに目が釘付けになった。

「カレー焼麺」。

カレー焼麺？

カレー粉をまぶして炒めているのだろうか。

ありそうでない。今まで聞いたこともない。

まったくイメージがわかないが、ここは勝負だ。なんたって勝守がある。

「すみません、カレー焼きそばください」

その瞬間、店主の動きが止まった。そして念を押すように、「カレー焼きそば……ですね？」と言った。

〝しまった、ハズレか〟と思ったが、いまさら後には引けない。

「ええ、カレー焼きそばで」

俺は冷静を装って言った。

果たしてやってきたのは、平皿にこんもりと盛られた茶色い物体。それこそが、「カレー焼麵」であった。

茶色い物体とは、もちろんカレールー。具は豚肉と玉ねぎ。明らかに片栗粉でとろみがつけられている。

が、しかし、どこにも主役の麵が見えない。

麵はどこだ？　麵は――カレーの山に箸を突っ込むと、なんとその中に隠れていた。しかもそれは〝かた焼きそば〟だったのである。

長崎皿うどんのような油で揚げたものではない。蒸した中華麵をカリカリになるまで炒めて、かた焼きそば風に仕立てたものだ。これなら、表面のカリッとした部分と、中のモチッとした部分の両方を楽しめる。うん、これは絶妙の食感だ。

しっかりとろみがつけられたカレールーは、麺と絡みすぎて若干もっさりしすぎるのだが、こういう素朴な食感は嫌いじゃない。

聞けば常連客の〝焼きそばにカレーかけてよ〟というワガママから生まれたという。ルーは作り置きかと思いきや、「注文ごとに鶏ガラスープをベースに作るんですよ」。

やさしい。なんてやさしい中華なんだ。

プロショップで豆乳割り

萬福を後にした俺は、再び野毛の街を歩き始めた。

まだ夕方までには早いが、何軒かの飲み屋は営業していた。

商店街の中ほどに、黄色いのれんを下げた店を見つけた。

「居酒屋 きよ」。

〝立ち呑み〟〝全品３００円〟。

中は見えない。

ちょっとハードルが高いが、今日は気持ちが前向きになっている。勝守のおかげだ。

おもむろにサッシの引き戸を開けた。

中は十坪ほどの広さで、前面奥に厨房とカウンター、入り口脇にもカウンターがある。

立ち飲みなので椅子はない。5～6人の客が、カウンターに寄りかかるように、グラスをかたむけている。

こういう店は、位置取りに悩む。

常連客にはそれぞれ決まった場所があるからだ。

何も考えずに空いている場所に陣取ったら、実は古い常連さんの定位置で（あからさまにどけとは言われないが）、後から「実は……」と店主に言われて気まずい思いをしたことが何度かある。

なので入り口で躊躇していると、カウンターの中からマスターが「こちらどうぞ」と声をかけてくれた。

ありがたい。うながされて、正面カウンターの客と

客の間に体をすべり込ませる。

　ホッとしたところで、何にしよう。

　厨房の壁に貼られた飲み物のメニューに目をこらす。焼酎お茶割り、焼酎レモン割り、ウヰスキー、日本酒、すべて３００円。ただし瓶ビールとホッピーは４００円。さすがに仕入れ値の決まっているものは限度があるのだろう。だが４００円でも十分安い。ビールはさっき飲んだので、焼酎レモン割りにしよう。

　つまみは隣のホワイトボードに黒いマジックで書かれていた。

　まぐろすき身、たこ刺し、枝豆、谷中生姜……どれも値段が書かれていない。さば塩焼きとゆで玉子だけが例外的に赤いマジックで値段が記されており、さばは４００円、ゆで玉子は１００円。つまり他はすべて３００円ということだ。

　さて、どの料理も定番すぎてとっかかりがないが……こういう時は隣の客の真似をするに限る。

「それ何ですか?」

「納豆ですよ」

ただし、マグロ・オクラ・玉子入り。いわゆるバクダンというやつだ。いいね。これにしよう。さらに聞く。

「その豆腐みたいなのは?」

「冷やしたぬきとうふですね」

揚げ玉がかかっているからたぬきか。直球だ。

「真似しちゃっていいですか?」

「どうぞ」

さらに、かつお刺しも注文する。

改めて店内を見渡す。

東南アジア風の置物や帆船のポスターが飾られている。

店主は旅行が趣味なのだろうか。

そして、入り口脇の壁には、マークシートが束になって置かれている。なるほど、ここは競馬ファンが集

まる店なのだな。

そういえば、以前あいつに聞いたことがある。

場外馬券場近くの、いかにも年季の入った競馬ファンが集まるディープな店を〝プロショップ〟というと。

俺は競馬はやらない。だから、もし、隣の客に、

「今度のレースはどうですかね」

とか、

「こないだ勝った馬、ありゃまぐれだと思いませんか」

なんて話しかけられたらどうしよう?

だが、心配をよそに、競馬の話をしてくる客は無かった。

今日が平日というのもあるのかもしれない。

もしこれが土日だったら、かなり敷居が高かったのかも。

出てきた料理はどれもきれいに盛り付けられていて、〝プロ〟の料理だとすぐにわかった。聞けばマスターは、

以前横須賀の洋食店などで腕をふるっていたという。

野毛には飲みに通っていたが、いつしか自分で店を出すことになったという。

「最初はオール２００円でやってたんだけどね」

その言葉に、意に反して値上げせざるをえなかった悔しさがにじんでいた。


レモンサワーには青レモンの輪切りが入っていて、暑い夏にはぴったりの見た目だった。焼酎は相当濃い。だけどさっぱりしているから、ぐいぐい飲めてしまう。

グラスが空いた。二杯目はどうしようか。メニューを見ると、「豆乳割り」とある。豆乳……か。

まったく、魔が差したとしか言いようがない。目の前に置かれた白い液体入りのグラス。

俺は実のところ激しく後悔していた。焼酎と豆乳。絶対に合うはずがない。

平静を装いつつ、恐る恐るグラスに口をつけた。

ほのかに甘い大豆の香りがする。思いのほかするっと口に液体が流れ込む。

焼酎のとげとげしさが、豆乳に中和されて、完全に消え去っている。つまり、まろやかな味。

「うまい」

思わず声がでた。

マスターが一瞬、ニヤリとしたような気がした。

焼酎の豆乳割りをもう一杯お代わりして、俺は黄色いのれんの居酒屋「きよ」を後にした。

また、何も考えずに歩き出した。

すぐ隣のソープ街を抜け、バラ族映画の専門館の前を通り、大通りの信号を渡って、気がついたらウインズ、場外馬券場の前に立っていた。

「俺、競馬やんないのに」と、独りごちていたら、一軒の小さな飲み屋を見つけた。

店の名前は**「居酒屋 きお」**。

ん？　さっきの店は〝きよ〟。こっちは〝きお〟。

よくわからんが、入ってみよう。

今日の俺には勝守がある。

そこはなんとも不思議な空間だった。

会議室に置かれているような折りたたみ式の長テーブルが縦方向に2列。

その両側に丸椅子が配置されている。

どこかで見た光景。

そうだ。祭りの縁日だ。

小さいころ、こんな長テーブルの上で「型抜き」に夢中になったっけ。

テーブルの上には競馬のマークシートの束。

ここもいわゆるプロショップだった。

ママいわく、平日は「まあ、だいたいこんな感じ」だが、土日は激こみ。「朝8時からやってる」という。

ここではレモンサワーを一杯飲んだ。

やっぱり焼酎が濃かった。

「あたしの尺度で作るからねえ」とママ。

それをちびちびやりながら、常連客が競馬で大儲けした景気のいい話をたくさん聞いた。

2000万円近い大穴を当てた客は、居合わせた常連客やママにウン十万円のご祝儀を配ったという。

それぐらい当たりゃ、俺もねえ……。

いや、当たっても黙っているかも、とママに言ったら、

「それじゃ、運気は上がらないわよ」

セコい男にお金の神様は微笑まない、ということらしい。

縁起物だらけのバーでちょっと飲み

すっかり陽も落ちた。

さすがにそろそろ帰ろうと思ったのだが、「いい店があるから」と、きおのママに教えてもらったバーに立ち寄ることにした。

場所は伊勢山皇大神宮のふもと。なんのことはない。振り出しに戻ったのだ。

「ちょっとBARごっつぁん」。

そう、〝ショット〟と〝ちょっと〟をかけている。ダジャレか……。普段ならたぶん入らないが、今日の俺はなんでもこいだ。しつこいが、勝守を持っているのだ。

店内は思いのほか洗練されていた。

が、あちこちに〝縁起物〟が置いてあるのが、普通のバーとは違った。

招き猫に木彫りの仏様。トンボの置物がやたら多いのでマスターに聞いてみたら「トンボは前にしか進まないから勝ち虫と呼ばれ、縁起がいい」という。ちなみにマスターのメガネの縁は真っ白だ。立ち飲み「きよ」の豆乳割りを思い出す。

「ちょっと覗いてみて」

白いメガネのマスターは、カウンターの上の棚に目をやり、そう言った。

背伸びして覗いてみると小さな神棚があった。その中には一本の木の棒が収められている。途中にくびれというか、ひっかかりがある。これは……男性自身を模した〝御神体〟だ。

「マスターこれって……」

白いメガネのマスターはニヤリと笑った。

凍らせたキンミヤ焼酎で作るシャリキンホッピーを頼んだ。

ジョッキに勢い良くホッピーを注ぐ。瓶の中身がち

ようどジョッキ一杯分になるよう、計算されていた。

「ね？」

すごいドヤ顔。

なかなかにあつくるしいキャラなのだが、なぜか嫌味を感じない。人柄なのだろうか。

聞けばマスターは、この店をやる前に、近くで同じ名前の居酒屋を38年やっていたそう。界隈では知られた存在だったが、ある日突然店をたたみ、広さも何分の一かの、このバーを開いた。

「もうトシだからさ、一人でのんびりやろうと思って」

仕事も人生もある程度やりきって、いまは無理してアクセルを踏んでいない。この余裕が、あつくるしさを中和しているのかもしれない。

のんびりと……か。

いつか自分にも、そういう日が来るのだろうか。

あいつはのんびりする間もなく、逝ってしまった。

いまごろのんびりしてるだろうか。
まあ、そんなこと、知りようがないし、考えてるヒマもない。あしからず。こっちはまだまだ生きるのに忙しいのだ。

パワースポット
「伊勢山皇大神宮」／住所 神奈川県横浜市西区宮崎町64番地／祭神 天照大御神《あまてらすおおみかみ》／ご利益厄除け、家内安全、合格、身体健康、交通安全、安産、病気平癒など／http://www.iseyama.jp/

酒場
「中華料理 萬福」／住所 神奈川県横浜市中区宮川町2─20／電話 045─241─7845／営業時間 11時30分～20時／定休日 水／瓶ビール（大）650円、生ビ

ール５００円、日本酒４２０円、レモンサワー４００円、紹興酒３６０円、叉焼半分６００円、カレー焼麺６５０円　他

「居酒屋 きよ」／住所 神奈川県横浜市中区宮川町２―29／電話 なし／営業時間 15時～21時／定休日　月・火／ビール４００円、焼酎レモン割り３００円、焼酎豆乳割り３００円、納豆３００円、冷やしたぬきとうふ３００円、さば塩焼き４００円他

「居酒屋 きお」／住所 神奈川県横浜市中区宮川町３―68―１／電話番号 ０９０―３０４８―５４１９／営業時間 18時～24時（競馬開催の土日は８時～）／定休日 火／ビール７００円、レモンサワー４５０円、焼ソバ５００円、芋煮４５０円、手作り水ギョウザ５００円

「ちょっとＢＡＲごっつぁん」／住所 神奈川県横浜市中区花咲町２―69／電話 ０４５―２３１―０３７８／営業時間 18時～24時／定休日　日・祝／ビール６００円、ホッピー６００円、レモンサワー５００円～、焼酎６００円～、日本酒７５０円～、飛騨高山のあげづけ６００円、飛騨高山の鶏ちゃん焼き５００円、飛騨高山の漬物ステーキ５００円　他

陸　願掛け

B-4
Banshoji-St.
万松寺通
大須観音
Osukannon Temple
LAX OUTFITTERS
SALE
¥3,900
3500
adidas
アジ

愛知・大須ほか

弾丸飲んだくれツアーで未来のシアワセを願う

深夜バスで朝の熱田神宮へ

名古屋に日帰り出張。取材スタートは午前10時だ。新幹線でも間に合うが、今回はあえて深夜バスで向かうことにした。

なぜなら朝の**「熱田神宮」**を参詣したかったから。

近頃朝のお参りにはまっている。人のいない神社やお寺は静かで、空気も澄んでいるように感じる。心を浄化させた後に仕事に取り組むとはかどるし、仕事がなければそのまま酒場へ向かう。いつもより酒がうまいことは言うまでもない。

池袋発24時40分。途中2カ所のサービスエリアにトイレ休憩で止まり、早朝6時には名古屋駅前に到着した。地下鉄の朝の通勤ラッシュにもまれながら、名鉄・神宮前駅で下車。

この日は朝から日差しが強く、汗がにじむくらいだったが、樹々の生い茂る境内に入ったら、とたんに涼しく感じられた。やはり朝の清々しい空気は気持ちがいい。本殿に向かう途中に大きな楠があった。樹齢一千年を超える大楠だ。霊気のようなものがビンビン伝わってくる。

まずは本殿でお参り。きらびやかな装飾はなく質素な造りで、伊勢神宮などと雰囲気が似ている。ふと脇を見ると細い砂利道があった。本殿の裏へ通じる道らしい。行ってみると、樹々の茂りはいっそう深まり、静けさも一段と増してきた。

本宮の奥の森の中に小さな池を見つけた。**「お清水」**とある。洗うと目によいとされる湧き水だが、真ん中にある苔むした石は、なんと〝楊貴妃〟のお墓だそう。なんでも楊貴妃は熱田神宮の女神の化身で、大和の国を攻めようとした唐の皇帝をその美貌で籠絡して防いだという。そして死後ここに弔われたそうな。なかなか荒唐無稽な伝説だが、柄杓で三度水をかけて願いごとをすると叶うそうなので、素直にやってみることに。

楊貴妃の墓までは約1メートル。柄杓で水を飛ばすようにして三回石にかけた。意外と簡単。果たして願いは叶うだろうか？　あ、水をかけるのに夢中で、肝

心の願い事を念じるのを忘れた。こういうのって、もう一回やっていいのだろうか？

さて、お参りが済んだら朝メシだ。

なんと境内の中にきしめん屋があった。しかも有名な**「宮」**じゃないか。ただし開店は朝9時。現在8時過ぎだ。しかたなく境内をブラブラして時間を潰し、9時のオープンと同時にきしめんを注文。

急いで平らげ、取材先へタクシーで向かった。

名古屋の原宿・大須で昼サワー

取材は予定どおり2時間で終了。大須に本社がある企業の社史づくりのための取材だ。そう、フリーのライターは何でもやるのだ。

今日の仕事はこれで終わりだ。まずは昼メシ、その後に酒。帰りの新幹線まではたっぷり時間がある。

ぶらぶら歩いているとアーケード商店街に差し掛かった。広場には大きな招き猫が鎮座していた。なんて縁起がいい商店街‼

ここ**「大須商店街」**は古着を扱う店が多く、〝名古屋の原宿〟とも言われるが、目を引いたのはベトナム、インド、ネパール、ブラジルなどのエスニックな料理店。女子高生が食べ歩きしているのは、クレープではなくカップに入った唐揚げだ。

どの店にしようか。決められないままぶらぶら歩いていると、大きな寺にたどり着いた。

「大須観音」。

由来書によると日本三大観音の一つ。せっかくなのでお参りしてみる。なかなか立派な本堂で、階段を登るのも一苦労。思わず汗が出た。

これはビールだ。方針変更。メシの前にまずお清め。

商店街に戻り、路地に入るとさっそく怪しげな店を見つけた。

「つまみ屋台　呑ミ星」

しかしまだ昼の1時過ぎだ、さすがに営業は……してる！　店の前に〈営業中〉の札がかかっている。恐る恐るサッシの扉を開けた。

中は立ち飲みカウンターだけで、10人も入れば一杯の狭い空間。

「いらっしゃい」

と、髭面にメガネ、ニット帽姿の店主が言った。続けて「うち飲み屋ですけど？」——その言葉の意味が

わかりかねていると「立ち食いそば屋かなんかと勘違いして入ってくる人もいるんで」と言う。
「こちらは飲む気マンマンです」と返すと、店主は安心したように笑みを浮かべた。

店内を見まわす。壁には「呑ミ星シソス」「呑ミ星うこん」など見慣れない名前の飲み物が書かれた短冊が貼られている。どれもオリジナルのチューハイだそう。イチオシは「呑ミ星レモン」。凍ったレモンを皮ごとすり入れて作る。そういう飲み方はどこかで聞いたことがあるが、「うちが元祖。うまいですよ」と言う。これは頼まないわけにはいかない。

ほどなく出てきたのは、キンキンに凍った大ジョッキ。なみなみと注がれた酎ハイの上に、溢れんばかりの〝すりおろしレモン〟がぶっかけてある。まるで背脂チャッチャのとんこつラーメン。こんなチューハイ初めて見た!!

飲んでみると、くぅーーーー凍ったレモン、凍ったジョッキ、Wのフローズンの刺激が脳天にガツンとくる！　これは飲む格闘技だ。一気に脳内にアドレナリンが放出する。少しすると、レモンの皮の渋み、酸味、アルコールの甘みが波のように押し寄せてきた。この波状攻撃。大将、ヤバイよ、うまいよ！　うますぎて出川哲朗になっちゃうよ。

つまみは自家製で、どれも酒がすすみそう。頼んだ

ローストビーフはコショウたっぷりで、こりゃ最高のアテだ。
壁には大須観音のお守りや熊手が、チラシやフィギュアと混ざって飾られている。雑然としているが妙に居心地のいい空間。他にもいくつかオリジナルのチューハイを飲み、滅多打ちされたボクサーのような状態で店を出た。

名古屋名物ひつまぶしと木神様

さすがに空きっ腹はまずかった。とりあえず、通りすがりのうなぎ屋で名古屋名物のひつまぶしをかっこみ人心地つく。店を出ると、おあつらえ向きに喫茶店があった。

「喫茶 美奈須（ビーナス）」

「夜露死苦」みたいな当て字に一瞬躊躇したが、好奇心を抑えられず、中に入った。
中には誰もおらず、テーブルには雑然と雑誌などが積まれている。照明も薄暗く、もし

かして休みなのかと思っていると、奥から小柄で年配のマスターが現れた。

「いらっしゃい。奥のテーブルへどうぞ」

営業中らしい。メニューにはコーヒー、ミルク、紅茶、それだけ。とりあえずコーヒーを頼み、改めて店内を見渡した。

よくある昭和のレトロな喫茶店ではあるが、普通のそれと決定的に違うのは、店の中央にお社（やしろ）がデーンと置かれていること。かなり大きい。そして銅ぶきの屋根は相当お金がかかっていそうだ。

神棚の中を覗いてみると、15センチほどの一体の木彫りの「招き猫」が右手を上げ、左手には木槌を持って、静かに座っている。普通の招き猫と違うのは、色は塗られておらず、木彫りのままということだ。

「マスター、なんでこんなところに招き猫が？」
「ああ、それは〝木神様〟ですよ」
「木神様？」

……

おもむろに「ご利益ご報告票」と書かれた冊子を渡された。めくるとそこには、この木神様を拝んだ人の〝結果報告〟がズラリと書き並べられていた。例えば

……

〈血糖値が下がりました〉
〈企画したキモノショーが予想より盛大にできました〉
〈正座ができるようになりました〉
〈三年ごしの口内炎が治りました〉
「それって努力の賜物じゃ？」というものもあったが

……

〈ドナーが見つかりました〉
〈引きこもりの息子が直りました〉
〈骨髄移植をしなくても病気が治った〉

ここまで来ると自分の力ではどうしようもない。そのぶんにわかには信じられなくなってくるのだが……。

「どうぞ、拝んでください」

いいえ結構ですと、断れる雰囲気ではない。コーヒーもまだほとんど口をつけてないし、ここで突然帰ったら、いろんな意味で後が怖そうだ。

なので、言われた通り手を合わせてみた——ふと顔を上げると、神棚の中の木神様と目が合った。そしてそのまま目が離せなくなった。

「手に持ってもいいですよ」（※取材当時。今は駄目）

「……いいんですか？」

持ってみると、想像以上に重く、しかも温かみを感じた。まるで生まれたばかりの子供を抱いているよう。このままずっと抱いていたい。そんな気持ちが不思議とこみ上げてきた。

マスターの山崎建一さんがこの「木神様」を手に入れたのは20年以上前のこと。奥様を59歳の若さで亡くし、失意に暮れていたころだ。店を閉めようと考えていた矢先、骨董市で出会ったのだという。

「ホコリまみれだったけど、なんだか訴えかけてくるみたいでねえ……」

家に帰ったものの、その木の招き猫が気になって仕方ない。これは運命だと思い、急いでタクシーに飛び乗ったという。

買ってきて店に飾ると、すぐにリストラにあった常連客に仕事が見つかった。その後も、拝んだ客に良いことが起こり続け、雑誌やテレビに紹介されると県内外から客が押し寄せるようになった。店をたたむどころではなくなった。

ある日、霊視ができる女子高生に見てもらったら、「奥様の生まれ変わりですよ」。

思わず抱いていた木神様を見た。

百年酒場で次の百年を思う

腕時計の針は午後4時ちょうどを指していた。実は名古屋に来たら立ち寄りたい店があった。大須商店街から歩いて15分。広小路にある**「大甚 本店」**だ。

居酒屋評論家、太田和彦氏が〝日本一〟と称する大衆酒場。明治40年創業の老舗中の老舗だ。この店の営業開始は午後の4時。ただし4時半には満席になってしまうという。今ならまだ間に合うか？　急ぎ足で向かった。

着いたのはちょうど4時半。入り口から中を覗くと、店内はすでに大勢の客で混雑して

いる。しかし店の人が「こちらへどうぞ」と招き入れてくれた。まだ席は空いているようだ。

案内されたのは入り口近くのテーブル席。座ると目の前に「割り箸」がポンと置かれた。おしぼりは出てこない。まずは瓶ビールを頼んで、グイッと一口やって喉をうるおす。それから、おもむろに店内を見渡した。

奥に一回り大きいテーブル席があるが、おそらく常連客の席だろう。白髪の紳士数人が早くも盛り上がっていた。客の年齢層は40代~60代。大人の店だ。スーツにネクタイのサラリーマン風もいる。この時間に一杯飲めるとはいいご身分だ。ま、人の事は言えないが。

厨房前のテーブルには小皿料理が所狭しと並べられていて、おのおの好きにとって良いようだ。学食みたいで心が弾む。自分もアルミ盆を手に並んでみた。

そら豆、枝豆、しらすおろし、ほうれん草のおひたし、里芋、タケノコ、冷ややっこ、トリ貝、青柳、小ダコの煮たの、やっこ、はんぺん、イワシの煮付け……40種類以上はある。選びきれない喜びに胸が躍る。

悩みに悩んだ末選んだのは、マグロの刺身に鯛の刺身、白和えにアナゴ煮、かしわ（とり肉）のうま煮。ちょっと欲張りすぎたか。これはお銚子も2本ぐらい頼まなければ間に合わないなぁ。しょうがないなぁ。

しかしこれだけの料理を毎日仕込むのは大変だろう。少しでも味が変われば常連から文句も出よう。すごいプレッシャー。それを毎日、１００年以上続けてきたのだ。

人生と商いはコツコツと、と誰かから聞いたような

気がする。100年後もこの店が続いているといいな。そんなことを思いながら、グラスのビールを飲み干した。

「すいません、お酒ください!」

パワースポット

「熱田神宮」/住所 愛知県名古屋市熱田区神宮1―1―1/祭神 熱田大神《あつたのおおかみ》/ご利益 開運招福、縁結び、安産、交通安全、厄災消除、学業成就・合格祈願、商売繁盛、家内安全など/http://www.atsutajingu.or.jp/

「大須観音」/住所 愛知県名古屋市中区大須2―21―47/本尊 聖観音/開祖 能信上人/ご利益 厄除け、家内安全、身体健康、商売繁盛、学業成就など/http://www.

osu-kannon.jp/index.html

「喫茶 美奈須（ビーナス）」／住所 愛知県名古屋市中区大須3—19—8／祭神 木神様／ご利益 諸願成就／電話 052—241—6686／営業時間 13時～17時／定休日 日・祝／コーヒー350円、紅茶350円、ミルク350円

酒場

「つまみ屋台 呑ミ星」／住所 愛知県名古屋市中区大須2—13—34／電話 非公開／営業時間 13時～20時／定休日 火・水／呑ミ星レモン400円、呑ミ星シソス400円、ローストビーフ450円、レバーパテ（小）350円　他

「大甚 本店」／住所 愛知県名古屋市中区栄1—5—6／電話 052—231—1909／営業時間 16時～21時／定休日 日・祝／ビール（大瓶）640円、日本酒（正一合）480円、おひたし250円、そら豆250円、いいだこ290円、明太子オムレツ600円、黒毛和牛ローストビーフ800円　他

漆
厄除け
処方せん受付
自転車

大阪・京橋ほか

うまいもんとうまい酒で災い知らず

入手困難な超レア厄除け守り

「大阪に行くならアレ、ゲットしてきて」

妻は出がけにそう言った。世の女性のご多分に漏れず、妻もパワースポットが大好き。自分で行くだけでなく、俺が地方に出張の折には、わざわざ地元のパワースポットを調べ上げて、お守りやら石やらをおねだりをする（自分で行かないでもご利益があるのかね？）。

「今度のは本当にマジだから！」

じゃあ今までのはなんだったの？と口から出かけた言葉を飲み込んだ。触らぬ神に祟りなし。「リョーカイ」と玄関のドアを後ろ手に締めた。

大阪駅からタクシーで15分。取材先よりも何よりもまず向かったのは、妻がゲットして来いと言うお守りのある神社。門に神社名が書いてあるが全く読めない。どうやらこれで

「サムハラ神社」と読ませるようだ。

サムハラ神社は戦後に創建された新しい神社で、サムハラとは天御中主大神《あめのみなかぬしのかみ》、高産巣日大神《たかみむすびのかみ》、神産巣日大神《かみむすびのかみ》という3柱の神様の総称だという。この〝サムハラ〟という言葉自体に古くから厄除けの力があり、戦国武将の加藤清正や、先の戦争の日本兵などが、刀や衣服にこの4文字を刻み込んだり縫い込んだりして、矢よけや弾よけとしたそうな。

神社の壁には「サムハラ様」のおかげで難を逃れたエピソードがイラスト付きで掲示されている。例えば〈工事現場でダンプカーが崖の下に転落したが、サムハラ様のお守りのおかげで運転手は一命をとりとめた〉とか〈機械に手がはさまり、危うく指が切り落とされるところを、サムハラ様のお守りのお陰で何の怪我もなかった〉とか……。

真打はこれだろう。〈女優の浜木綿子が公演中、舞台の〝セリ穴〟に落ちたが、サムハラ様のお守りを身につけていたので、傷一つなかった〉――ちなみに知らない方のために申し上げると、〝女優の浜木綿子〟とは顔芸俳優の異名をとる香川照之氏の母君である。

この〝サムハラ様のお守り〟こそが今回の妻のリクエスト。ただし普通のお守りとはちょっと違い、指輪の形をしている。その名も〈御神環〉。これがまたレアで、手作りのため数が少ない上、噂を聞きつけた人が全国から殺到しているものだから、出たら即完売。稀にあってもサイズが合わなければNGだから、まさに〝ご縁〟に期待するしかないわけだ。

さて、その御神環とやらはあるのだろうか。社務所に行ってみると、こんな張り紙があった。

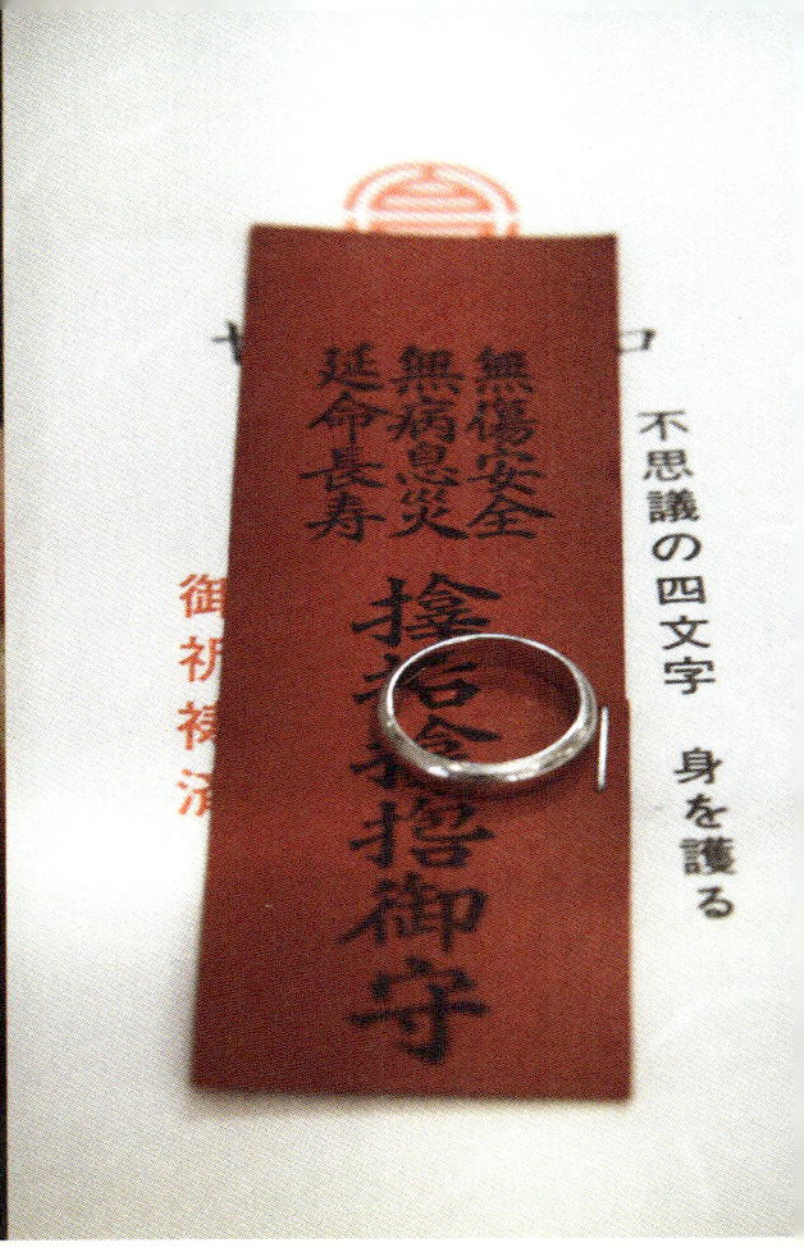

〈現在、御神環はございません。次回御授与は、五月下旬頃になる見込みです〉

ガーン‼　今日は5月18日。もう入ってるか？　聞いてみると「どの号数もありません」という。さらに「予約は一切お受けできません」との答え。ショーケースの中にひとつあったので、「これは？」と尋ねたら「見本です」。もちろん分けてはもらえなかった。

どうやら今回は〝ご縁〟がなかったようだ。仕方なく、やはり厄除けに効くという「銭形肌守り」を証拠代わりにゲット。さ、これでとりあえずはノルマ達成だ。

大阪やな〜な立ち飲み屋

取材はつつがなく終わり、昼過ぎには自由の身となった。よし、飲むぞ！と、勇んで京橋駅前の通りを歩いていると、気になる立ち飲み屋を見つけた。

看板にはこうある。

〈まいどおおきに　まるしん　です〉

大阪やな〜。中を覗くと、店の大きさの割に厨房が広く、揚げ物や焼き物の設備も充実している。これは期待できそう。おもむろに暖簾をくぐった。

「すみません、一人なんですが……」

そう言うと、スポーツ刈りの大将が「いらっしゃい。どうぞこちらへ」と、自分の目の前に案内してくれた。気さくな雰囲気で、まずは一安心。足元にはタバコの吸い殻がいく

つも落ちていて、これは古い立ち飲み屋に多いスタイル。灰皿代わりに直接床に捨てるのだ。(理由はカウンターに置くより衛生的だし、まとめて掃いて捨てれば効率的だからと思われる)

「お飲物はどうしましょ?」

まずはビールだ。後はおいおいゆっくりと決めよう。

出てきた銀色のラベルの瓶ビールを、小さなコップに注いでグイと飲み干す。ふ～、生き返る。飲んでない時の俺は、いわばゾンビだ。コップ一杯のビールで息を吹き返す。それってアル中か?

料理のメニューがホワイトボードにびっしり。その数60くらい。刺身だけでもマグロ、マグロトロ、ハマチ、サーモン、剣先イカ、〆サバ、タコ、タイ、てっさ(フグの刺身・大阪名物)、馬刺、クジラ刺がある。

とりあえず盛り合わせを頼もう。3種500円、5種650円。1種あたりだと、3種は166円、5種は130円。つまり5種盛りの方が断然お得。なので5種盛りを注文した。

あとは、「ゆどうふ」160円、「だしまき」200円。すべて笑い出したくなる安さ。他にももっと頼みたかったが、一皿あたりの量がわからないので、まずは様子見。

改めて店内をみると、様々な縁起物が飾られている（酒場は開運グッズの宝庫だ）。オカメのお面に、仙台四郎の絵が描かれた将棋のコマ、七転八起と書かれた弘法大師の墨絵、〝えべっさん〟こと戎様の酉の市の熊手……見ているだけで運が開けそう。

さて、料理が来た。刺身5点盛りは、まさかの5種類1切れずつ。ゆどうふは半丁の豆腐にワカメとネギの

中華風スープがひたひた。だしまきも数切れだけ。つまりこの店の料理のポーションは〝1人前〟が基本なのだ。これ、一人呑みには嬉しい。

一人で「うまい!」とか「最高!」とかはしゃいでいると、「お客さん、どこから?」と大将が聞いてきた。「東京です」というと「そりゃ、遠くから!」と大げさに驚いた。「じゃあ、サービスしちゃおうかな」と出してくれたのはスモークチーズ。知り合いが作っているらしい。「てっさも食べる?」というので思わず「はい」と答えたが、それも無料なのか一瞬気になったが、まあいいや。その時はその時だ。

気づけばせまいカウンターはつまみの小皿で一杯になっていた。なんだかスペインのバルみたいだ、行ったことないけど。

「これは日本酒だなあ」とつぶやくと、「樽酒、にごり、あるけど?」と大将。「じゃあ樽酒」「あいよ」と

テンポのいいやりとり。初めて来たような気がしない。これ、良い居酒屋の条件だ。

聞けば、かつてこの近くには工場がたくさんあり、朝から夜勤明けの男たちで賑わったという。だが、いまは「全然ダメだね」と大将。それでも店内は大盛況。若い客も多い。

春の風のように、20代くらいの若い女性が二人で入ってきた。「大将ビール」「私はホッピー」――夜勤明けのナースだろうか。それとも平日が休みのデパート店員？　妄想は膨らむ。オヤジの悪い癖だ。

大将が飲み物を出しながら、「いらっしゃい、ケイコちゃん！」と言う。

「大将、あたしケイコちゃうわ」

「いいねん。うちでは若い女の子はみなケイコや」

「なんでなん？」

「名前間違えなくてすむやろ」

「なるほど、大将頭ええな……ってアホか！」

大阪やな〜。こちらも負けじと、「大将、お酒お代わり！」

先人の苦労を偲びながら飲む酒は

今回は泊まり取材。予約していたビジネスホテルは、大正駅の近くにあった。もちろん宿に直行するワケはなく、駅前の飲み屋街をパトロール。

路地裏で、レトロ感バリバリの酒場を見つけた。白い洗いざらしの暖簾に、こう書かれていた。

〈くわ焼き　串・小鉢　クラスノ〉

くわ焼き？　クラスノ？　どちらも耳馴染みがない。興味をかきたてられ、中に入る。

店内は奥に細長く、カウンターとテーブル、小上がりがあった。ほぼ満席。その客層がユニークだった。初老男性のグループに、初老女性の二人組、小さい子供を連れた家族連れなど、おおよそ酒場らしくない。雰囲気もアットホーム。普通こういう大衆酒場は〝男の悲哀〟のようなものが多少漂っているものだが、そういうものがこの店には一切ないのだ。

「いらっしゃい、こちらへどうぞ」

エプロン姿の女将が案内してくれたのは、トイレの脇の壁際のスペース。長さ1メートル、幅20センチくらいの板が壁に取り付けられている。

「ごめんなさいね、ここしか空いてないのよ」

いやいや全然オッケーです。部屋の隅っことか大好きだし。女将がえんどう豆とごまめ（※取材時。ごまめは現在出していないとのこと）の小皿のお通しを置いていく。なんと無料。これだけで2合は飲める。

さて、最初の謎解き。「くわ焼き」とは、肉や野菜を鉄板で焼いたもの。農作業の合間に農具の〝くわ〟の上で焼いたのが語源だそう。「おまかせコース」というのがあって、くわ焼き6本と生野菜で680円。随分安い。おまかせコースを注文し、酒はレモンサワーを頼んだ。

レモンサワーが先に来た。ピチピチと弾ける強炭酸。ぐいっと飲りつつ店内を見渡す。テレビの野球中継はもちろんタイガース戦。その上の壁に〈クラスノ　創立68年　ありがとうございます〉と貼り紙がある。

68年前（※取材時）ということは戦後すぐだ。二つ目の謎解き。クラスノって？　ふと灰皿の中のマッチに気づく。何やら文章が書いてある。

ヤルスク　ソ連の中央に
当たる街です
抑留中の苦労をしのび
いかなる難関にもたえ
今をくいなく
我が身をやしない
世の為人の為

聞けば、クラスノとは、初代が戦時中に抑留されたロシア（当時はソ連）の地名〝クラスノヤルスク〟のこと。その時のつらい体験を忘れないように、店名にしたのだという。

「で、初代は……」

「ホラ、ここ」

壁に貼られた手作りカレンダーの写真。おだやかな笑顔を浮かべる好々爺こそ初代店主・松原豊一さんだ。

「いま102歳。ちょっと体調崩して、施設に入ってるけどね。ちなみにそこにいるのが、お母さん」

ビールの冷蔵ケースの横に、小柄なおばあちゃんが静かに座っている。しかしその目はしかと店内を見据え、不在の夫の代わりに店を守る責任感に満ちているように見える。

くわ焼きが来た。えのき、レンコン、鶏ササミ、イカ、ピーマンに肉詰め、やきとり串。どれにもほどよく焦げ目がつき、食欲をそそる。コテで押し付けて焼き色をつけるのがコツだそうだ。これで680円は安い。

カウンターが空いたので移動させてもらう。焼き場の目の前。特等席だ。二代目店主が忙しそうに手を動かす。アイロンのようなコテと鉄板は煤と油で黒光っている。肉や野菜の旨味がたっぷりしみ込んでいそうだ。

「うちには、もう一つ名物がありましてね」と二代目が言う。

それは〝だし巻き〟だ。以前この場所で料亭をやっていた時からの味だという。手間がかかるので、先代が病気になってからは出すのをやめていたが、ようやく息子の三代目が独り立ちしたので、再開したという。そう聞いたら頼まざるをえない。

ついでに大阪名物「きずし」も注文した。

やがて出て来た出し巻きは、目が覚めるような鮮やかな黄色。そこに真っ赤な紅生姜が色を添える。ジャンクな色あいだが、ほおばると口の中にジュワッと出汁が溢れ出してうまい。確かにこれは名物といっていい。鯖の酢〆、東京でいう〆鯖の〝きずし〟もジューシーで酒がすすむ。

カウンターからぼんやりと店内を見やる。もう1人、若いエプロン姿の女将は三代目の奥さんだという。たまに小さな〝四代目〟も店に顔を出すという。文字通

くわ焼
小鉢もの
鍋もの
クラスノ
電話
(6551)二三九五番
クラスノ
くわ焼
串・小鉢
いいちこ
380円
樽
ハイ倶
おいしいアサヒのサワー
くわ焼

りアットホームな店だ。

いかなる難関にもたえ
今をくいなく
我が身をやしない
世の為人の為

改めてマッチの言葉が身に染みる。こうして酒が飲めるのも、先人たちの苦労のおかげだ。だから悔いなく、世のため人のため、今日も酒場で盃を傾けん。

※この取材後、初代店主・松原豊一さんが永眠されました。謹んでご冥福をお祈り申し上げます。

パワースポット
「サムハラ神社」／住所 大阪府大阪市西区立売堀2—5—26／祭神 天御中主大神《あめのみなかぬしのかみ》、高産巣日大神《たかみむすびのかみ》、神産巣日大神《かみむすびのかみ》／ご利益 厄除けなど多数

酒場

「居酒屋 まるしん」／住所 大阪府大阪市都島区東野田町3―2―19／電話 06―6351―2154／営業時間 11時～21時（日・祝～19時）／定休日 水／生ビール（大）650円、瓶ビール（大）440円、ハイボール310円、チューハイ290円、たる酒320円、もやし炒め250円、牛バラ焼き650円、てっさ650円、生うに750円 他

「くわ焼 クラスノ」／住所 大阪府大阪市大正区三軒家東1―3―11／電話 06―6551―2395／営業時間 16時～22時／定休日 土・日・祝／生ビール450円、瓶ビール550円、日本酒一合400円、くわ焼きおまかせコース680円、出し巻270円、きずし320円 他

捌　恋愛・家庭運

兵庫・三ノ宮

恋の聖地で妄想を肴にひとり飲み

misakoからのメッセージ

神戸に日帰り取材……なんて、もったいないので、前乗り（前日に現地に乗り込むこと）して、神戸観光を楽しむことにした。

神戸といえば、「初恋の相手」が住んでいるらしいと風の便りに聞いた。今時めずらしくフェイスブックもしていないという。初恋といっても片思い。しかも中2の時だ。高校は別で、神戸の大学に行ったというから、そのまま住み続けているのだろうか。今でもたまに思い出すと鼻の奥がツンとする。

いつかフェイスブックに、〝misakoさんからメッセージが来ました〟と表示されないだろうか。例えばこんな風に――。

〈misakoってあの美紗子?〉

〈そう。久しぶり。元気だった?〉

〈元気。……美紗子は?〉

〈うん。元気だよ。どうした?〉

〈うん。たまたま名前を検索したら出てきて、えー、懐かしい！って。突然ゴメンネ〉

〈へえそうなんだ……よく見つけたね〉

〈ふふふ。運命かも？〉

こんなことを妄想していると知られたら、妻だけでなく娘にまで軽蔑されそう。ああ、でも止まらない……。

〈こんど神戸に取材に行くんだけど、よかったら会わない？〉

〈う〜ん……いいよ〉

〈あ、俺、カミさんも子供もいるから、下心とか無いよ〉

〈そう言われると、ちょっと寂しいかな〉

〈え？……〉


朝早い新幹線で新大阪まで行き、そこから東海道線で三宮駅まで。予約していたホテルに荷物を預け、さっそく街を散策する。

しばらくすると、街の中心部に**「生田神社」**があった。有名な縁結びの神様で、女優のH原N香も最初の旦那と結婚式を挙げたという（結局離婚しちゃったが）。

木の鳥居の奥に、さらに大きな朱の鳥居があった。その鮮やかな朱色に引き寄せられるように、中へと進む。

鳥居の向こうには立派な楼門。そして奥の拝殿は一層豪奢である。参拝して社務所に行きお守りを見た。縁結びで有名な神社だけに絵馬がハート型だ。

「この、水みくじって？」

「池の水にひたすと文字が浮かび上がってくるんです」

巫女さんが言うには、その池は境内の「生田の森」の中にあるという。

〈ちょっとやってみる？ misako〉

〈いいよ〉

「生田の森」は境内の奥にあった。鬱蒼とした森の中を進むと、小さな池があった。そば

にはクリスマスツリーのような形の結び所が。占いの紙がビッシリと結びつけられている。

〈この池の水に浸すのかな?〉

〈たぶん〉

水に浸すと、すぐに文字や模様が浮かび上がってきた。一番上の円に、なんと「大吉」が！　その下にも幾つか文字が浮かび上がった。

色＝濃い緑の景色の中に幸運が

縁談＝焦らなければ後に整います

願い事＝あきらめず再度行えば叶う

場所＝山の見えるところで吉

〈これってどういうことだと思う?〉

〈う〜ん、〝再度〟っていうのが意味深よね〉

〝家庭の延長〟で昼酒

水みくじをポケットに入れ、駅へ向かう。とりあえず一杯やりつつ昼メシでも食おう。阪急電鉄の高架にぶつかり右に曲がると、そこはアーケードの「サンキタ通り」だ。〈ステーキ〉〈神戸牛〉の文字が躍る。さすがに昼からステーキってのは重い。気づくと神戸三宮駅の高架下市場にさまよいこんでいた。

懐かしい雰囲気の食堂街。餃子、ホルモン焼き、串カツ、どれも四十過ぎのオヤジの空きっ腹にはヘビーすぎる。と……。

「皆様食堂」

純白のれんに真っ赤な文字。店名の他に〈家庭の延長〉〈めし・丼物・うどん・銘酒ビール〉とある。

〈misako、こういう店どう?〉

〈うん。入ったことないけど、いいよ〉

そこは、世にも奇妙な食堂だった。まず、店内は大きなUの字のカウンター一つきりで、客はそれを囲んで座っており、店主はその中にいる。

満席に近かったが、隙間を見つけて丸椅子に座る。まずはビールを注文。すぐにキリンラガーの中瓶が出てきた。手酌しながら壁を見やると、色とりどりのマジックペンで書かれた短冊のメニューがビッシリだ。

ウインナー肉炒め、もやし肉炒め、キムチ豚炒めと、炒めものだけで15種類以上ある。ハムエッグやベーコンエッグもいいねぇ。正しくは〝エッグス〟だが。玉子を2つ使っているからだろう。

漬物もたくさんある。赤カブ浅漬け、奈良漬け、セロリ漬け、きゅうり古漬け、これだけ揃えている店は珍しい。

〈何にするmisako？〉

〈う〜ん、迷う〜〉

ふと、目の前の大鍋に、おでんがふつふつと煮えているのに気づいた。狂気的にうまそうである。

〈misako、おでんは？〉

〈いいね〉

おまかせで頼んだら、大根、玉子、牛スジが小皿に盛られて出てきた。どれも汁が染みててうまそうだ。大ぶりに切られた大根を頬張ると、ハフッ、アツッと思わず声が出た。熱い、でもうまい。柔らかくて中まで味が染みているのだが、決してクタっとしておらず、ホクホクという根菜ならではの食感を保っている。他のタネも相当レベルが高かった。

後は何にしようかと考えていると、隣の常連さんが

「ここはね、肉入り豆腐炒めだよ」と教えてくれた。肉豆腐ならわかるが、肉入りの豆腐のしかも「炒め」とはどういうことか。まったく想像がつかないが迷わず注文。すると今度は店主が「鯛ハラミ、まだあるよ」と来た。〝まだ〟ということは、そのうち無くなるということ。つまり限定品、名物だ。それも迷わず注文。

「肉入り豆腐炒め」は、豚肉と野菜と豆腐の炒め物。汁たっぷりでメシのおかずにも良さそうだ。そして鯛のハラミは酒蒸しで、ネギとポン酢が豪快にぶっかけられている。骨の間をチューチューしゃぶりながら食べると、ゼラチン質が口の中でとろける。

〈うまいね！〉

〈おいしい！ちょっとお行儀悪いけど〉

ふと見ると、店主が壁に向かって何やら叫んでいる。

〈あれ、何してるんだろう？〉
〈パイプみたいなのがあるけど〉

聞けば2階が調理場で、壁に埋め込んであるパイプに叫んで注文を通しているのだという。

〈なんだか秘密基地みたいだよね〉
〈小さいころ思い出すね〉

遠い昔に見た景色が脳裏に浮かんだ。部活でケガをしたmisakoを自転車の荷台に乗せて走った、夕暮れのあぜ道だ。たまたま家同士が近所だったから実現したランデブー。高鳴る鼓動が聞こえやしないかと、ますますドキドキしたのを覚えている。

時間の止まった古時計

夕方5時。そろそろ普通の飲み屋も開く時間だ。長く住んでいれば、misakoにも行きつけの店の一つや二つあるだろう。

〈どんな店に連れてってくれるの?〉

〈ないしょ!〉

しばらく歩いていると、人通りの少ない商店街に**「三徳」**という店を見つけた。看板には「かていの味」とある。今日は家庭づいた日だ。半分開いた引き戸の隙間から中を覗くと、どうやら小料理店のようだ。

〈ここなんだけど〉

〈ふ～ん〉

〈地味かな?〉

入ると、感じの良さそうな女将さんと、頭にバンダナを巻いた男性がいた。夫婦だろうか。カウンターには大皿が並べられ、カボチャに厚揚げ、小芋を炊いたもの、ゆでそら豆、魚も何種類か盛り付けられていた。良さそうな店だ。

〈よくね、夕食がてらお邪魔してるの〉
〈一人で？〉
〈悪い？〉

まずはビールで乾杯。昼酒の酔いはすっかり醒めていた。炊いた小芋はしっとりとして、それでいて歯ごたえがあり、味もほどよくしみていた。「うまいです」と正直に言うと「ありがとうございます。でも素人料理なんですよ」と女将は謙遜した。聞けば亡きご両親の跡を継ぎ、「見よう見まねで」腕を磨いてきたという。実はバンダナの男性は弟さんだそうな。

ふと、壁にかけられた時計に目が止まった。数字の代わりにタコや魚、貝などの絵が描かれている。長針と短針はなんと出刃包丁だ。
ユニークな見た目以上に気になったのが、ガラスの文字盤の大きなヒビだ。割れて落ちたものを修復したように見える。

「あれは、寿司職人だった父の形見なの」

察した女将さんが続けて言った。

「震災のときに落ちて割れたんです」


震災とは阪神淡路大震災のこと。よく見れば、2本の出刃包丁は「5時46分」を指している。両親が亡くなり、姉弟で店を継いで、わずか1年後のことだった。

半壊した調理場のガレキの中に、この時計を見つけた。持ち上げたとたん、ポーンと鳴った。

「父が励ましてくれてるんだと思いました」

急に現実に引き戻されたような気がした。それから、妄想のmisakoは現れなかった。

バラの花束という名のカクテル

ホテルに戻る途中、立ち寄った生田神社の近くで、小さなバーを見つけた。

「Bar Rose Bouquet」

バラの花束――こんなロマンチックな名の店に、男一人は気がひけるが、寝酒でも飲んでいこう。古い小さな雑居ビルの、狭い階段を登った。

店内は薄暗く、カウンターの向こう側で、蝶タイと黒タキシード姿のバーテンダーが黙々と氷を割っている。客は誰もいなかった。

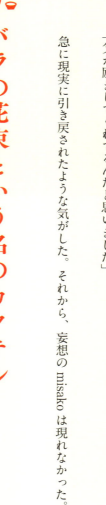

「やってますか？」

「いらっしゃいませ。お好きな席へどうぞ」

髪をオールバックになでつけていて年かさに見えるが、意外と自分と変わらないのかもしれない。

「何にいたしましょう」

「なんか甘いのください……あ、今度女友達を連れてこようと思って」

「では、当店のオリジナルカクテルはいかがでしょう。女性に人気です」

「じゃあ、それで……」

店内を見渡す。壁にはバラの画が幾つか飾られていた。しばらくして出てきたのは、鮮やかなワインレッド色のカクテル。フルートシャンパングラスのフチには二輪の小さなバラが挿されている。

「ローズブーケ。店の名前と同じ、バラの花束という意味です」

確かに女性が好みそうな甘い味。たまにはこういう酒もいい。

わびしい男の一人旅。

ふと思い出して、ポケットの中の水みくじを取り出してみると、「大吉」の2文字は、乾いて跡形もなく消えていた。

パワースポット

「生田神社」／住所 兵庫県神戸市中央区下山手通1―2―1／祭神 稚日女尊《わかひるめのみこと》／ご利益 恋愛成就など／https://ikutajinja.or.jp/

酒場

「皆様食堂」／住所 兵庫県神戸市中央区北長狭通1—30—39高架下／電話 078—391—1172／営業時間 月・水・金14時（火・木・土10時）〜20時30分／定休日 日・祝不定休／ビール（大瓶）550円、清酒400円、ハイボール480円、おでん100円〜、肉入り豆腐炒め480円、鯛ハラ身ポン酢390円 他

「三徳」／住所 兵庫県神戸市中央区下山手通4—1—18／電話 078—331—0319／営業時間 18時〜24時 定休日 日・祝／ビール550円、日本酒500円、刺身1000円〜、煮魚（数種）700円〜1500円、野菜煮付（数種）500円、三徳カレー1000円（特別裏メニューとして）他

「Bar Rose Bouquet（バー・ローズブーケ）」／住所 兵庫県神戸市中央区下山手通2—16—8新興ビル2階／電話 078—391—9585／営業時間 18時〜翌4時／定休日 日／ビール800円〜、ウィスキー1000円〜、カクテル1000円〜、ローズブーケ2200円、殻付ミックスナッツ500円、チョコレート1100円 他

玖 厄除け

広島・尾道

戦火を逃れた坂の街で開運のハシゴ酒

厄除神社の老木

広島で取材なので、その前に尾道に立ち寄って行くことにした。

尾道は「転校生」や「時をかける少女」「さびしんぼう」など大林宣彦監督の映画の舞台としても知られる有名な観光地だ。しかし一度も行ったことが無かった。かつて小林聡美・原田知世・富田靖子といった大林映画のヒロインたちにときめいた昭和四十年代男子としては、一度は行かねばならぬ聖地である。

ただし、スケジュールを空けられたのは前日の1日だけ。どうせなら目一杯使いたいので、夜行バスで行くことにした。東京・八重洲を夜9時に出発して、着いたのは朝の8時。バス移動は慣れているが、さすがに片道11時間はこたえた。

尾道水道が見えるベンチに座りながらパンとコーヒーの軽い朝食を済まし、向かったのは**「艮（うしとら）神社」**。１３３４年建立の福山地方最古の神社の一つだ。艮とは東北の

方位のことで、鬼門にあたる。つまりは厄除けにきく神社だ。

近ごろは旅で知らない街に行くと、このように地元の有名な神社にまずお参りすることにしている。その街のことがよく分かるし、〈お邪魔します〉と挨拶しておけば、道中無事に過ごせそうな気がするからだ。朝イチなら澄んだ空気で移動の疲れを癒やすこともできる。

ゆるやかな石階段の参道を進むと、社殿前に大きなクスノキがあった。樹齢900年。高さ40メートル。胴回りは7メートル以上もある。映画「時をかける少女」にも登場した尾道のシンボルだ。

目の前に立ち、しげしげと見上げると、その存在感に圧倒された。木の幹や枝には体毛のような葉がびっ

しり生えており、表面もシワシワ。まるで長老だ。スターウォーズでいえばヨーダ。霊気がビシビシと伝わってくる。木もジェダイも、長く生きていると霊力みたいなものを身につけ、発散するのだ。

このクスノキ、いっとき葉の茂り具合が悪くなり、風の強い日は枝が折れて隣家の倉庫の屋根に落ちるなど〝寿命〟が懸念されたという。しかし関係者の懸命な治療の甲斐あり、なんとか元気を取り戻した。現在は伐採などの保全作業のため、1口1000円の寄付を募っている。

これも縁。社務所を訪ねて寄付すると、「お礼です」と木の板をくれた。伐採した老クスノキの枝を輪切りにし、神印を押したお守りだ。

なんだか久しぶりに会うおじいちゃんにお小遣いを

もらったみたいで、ちょっとうれしかった。

千光寺のくさり山で汗をかく

尾道随一の古刹、**「千光寺」**は艮神社の裏の千光寺山の中腹にある。ちょうど艮神社の脇からロープウェイが出ているが、坂道を歩いて登ることにした。〝坂の町〟を体感しようというわけだ。

坂道は細くうねうねとしていた。「猫の細道」ともいわれるそうで、いかにも猫が通りそうな道だ。さらには道のところどころに猫のイラストやオブジェ、福石猫とよばれる猫の顔を描いた丸い石がある。

もちろん本物の猫もたくさん。観光ポスターでもよく使われる三重の塔の脇を抜けた広場は〝猫パラダイス〟だった。三毛が我が物顔で闊歩したり、トラが春眠をむさぼったり……。尾道は〝猫の街〟でもあるの

だ。

千光寺に到着。岩山の斜面に作られた本堂からは、街と海道を一望できる。神社仏閣は、その街の一番景色が良い場所にあることが多い。知らない町で神社仏閣をお参りする目的の一つだ。

本堂の裏手にある大きな岩山は別名**「くさり山」**といい、修行で登るための鎖が取り付けられたのがその名の由来だ。ところが戦時中の金属類回収令により鎖が供出されたため登ることができなくなった。長く忘れられた存在だったが、平成15年頃に住職が「本堂からとは違う一段上からの素晴らしい眺めと奇岩を見てもらいたい」と再整備。平成17年から62年ぶりとなる一般登山が可能になった。

もちろん登ってみた。本堂をしのぐほど大きな岩で、

1本の鎖だけを手がかりに登っていく。かなりの急斜面だから落ちたら無事では済まないだろう。修行の場というのも頷ける。それなのに、若い女性や子供、おじいちゃん、おばあちゃんまで次々と登って行くのには面食らった。みんな命知らずか？　それだけ信仰心が強いのだろう。

頂上には千光寺の鎮守の一つである石鎚蔵王権現が祀られてあった。頂上からの眺めは格別。気分爽快！あぁ、ビール飲みたい！

瀬戸内の小魚いろいろ

もう頭の中はビールのことだけ（不信心だ）。山を降り、ビールが飲める店を探した。

大通りの**「後藤屋」**という割烹料理店に目が止まった。窓ガラスに貼られた〈尾道の小魚色々〉の文字が食欲をそそる。暖簾も出ている。

飛び込むように店の中に入った。カウンターと座敷があった。客は誰もいない。白衣を着た体格のいい店主がジロリとこちらを見た。たじろいだが、「やってますか？」と聞くと「どうぞ」と迎え入れてくれた。うながされてカウンターに座る。

ビールを頼むと、店主の母親らしい年配の女性がラガーの大瓶を持ってきてくれた。それをグラスにそそぎ、まずは一杯。くーっ、一汗かいた後だから格別にうまい。

二杯目を飲みながら、さてつまみは何にしようか。白板にオススメがたくさん書いてある。刺身はサザエ、オコゼ、メイタカレイ。アコウはアコウ鯛のことだそうだ。

後藤屋
後藤屋
砂田内科
後藤屋
尾道の
小魚色々
営業中
後藤屋
海鮮丼
北前亭
P

何が旬ですか？と大将に聞くと「いまとれるもんが旬ですよ」とぶっきらぼうに言う。愚問だったと後悔したが、大将はとりなすように言った。「もちろん体の大きい小さいはありますよ。でもそれぞれいいところがありますから」

大将によれば、様々な小魚が四季に応じて揚がるのが瀬戸内の海の特徴。小さいと売れないからもっぱら地元で消費されることになる。小さいと食べられる部分は少なく調理も難しいが、「それをどう食べさせるかが腕の見せ所」と地元生まれの大将は言う。あと、小魚は安い。なるほど〈尾道の小魚色々〉というのは、〝うちはうまいものを安く食わせる〟というプライドの表れなのだ。

刺し身は結局メイタカレイを選択。その他、小イカ

酢味噌とだし巻きを注文した。

「出てくるまでの間つなぎに、嫌いじゃなかったら」と出してくれたのは〝鯛の子〟。鯛の卵巣を煮たものだ。「梅雨になると産卵しちゃうからね。春だけの珍味」。タラコやニシンの数の子は知っているが、鯛の子もこうやって食べるとは知らなかった。しかも「実はこれ、半分白子。卵巣から精巣になりかけてるの」。鯛は性転換する魚で、生まれた時はメスだが徐々にオスに変化する。したがって卵巣も徐々に精巣に変化し、稀にどちらも持つ鯛がかかるのだ。

食べてみると、確かに半分は卵っぽいプチプチとした食感。もう半分は白子っぽいネットリとした食感。二つの食感が混ざった何とも不思議な味だった。

さて、出てきたメイタカレイは「合わせ醤油」と「生チリ」で頂いた。生チリとは白身魚をポン酢で食べる瀬戸内ならではの食習慣だ。小イカ酢味噌の酢の加減、だし巻きの出汁の加減も絶妙。大阪の料亭で修行した腕が冴える。

日本酒に切り替え（もちろん地酒。賀茂鶴、酔心を順番に）、〆の一品は何と広島風お好み焼き。昼から尾道グルメのフルコースを満喫した。

百年酒屋で利き酒を

予約していたビジネスホテルにチェックインし、夕方まで仮眠。陽も暮れたころ再び尾道の街に繰り出した。駅から徒歩15分ほどのところに、**「新開」（しんがい）**という元花街のスナック街があるという。

向かう途中で、古い酒屋を見つけた。黒漆喰の壁にすすけた木の格子戸。入り口には**「向酒店」**という看板が掲げられている。引き戸の脇には〈広島の酒　呑み比べ！〉の垂れ幕。迷わず中に入った。

店内がまた渋くて、大きな甕や朱色の角樽、錆びたホーローの看板、ラベルがボロボロの年代物のウイスキー、ノベルティと思われる人形やコップなどが所狭しと並んでいる。酒屋というより博物館だ。唖然としていると、年配の店主が話しかけてきた。

「うちは明治42年からやってましてね。昔から残っているものを飾ってたら、こうなっちゃったんです。建物も100年以上前のものですよ」

空襲は、呉の方はひどかったが、ここはそうでもなかった。だから尾道は古い建物が多いという。

飲み比べは、店主の息子さんが始めた。「お客さんが来るのを待ってるだけじゃダメだってね」。AコースとBコースの2種類あり、それぞれ違う広島の地酒が、3種類ずつセットで500円。

まずはAコースを頼んでみた。瑞冠・富久長・酔心のそれぞれ純米吟醸。三次・安芸津・三原の酒だ。小さなぐいのみに、ご主人が酒を注いでくれる。焼きあごが一尾、アテについているのが心憎い。

順に飲んで行く。どれがどう違うかなど、きき分けられるような敏感な舌は持ち合わせないが、どれも芯のしっかりした、骨太な味だということは分かる。

こうなったら、Bコースも頼むほかない。こちらは、天宝一・雨後の月・賀茂泉で、天宝一だけ純米、他の二つは純米吟醸だ。それぞれ福山・呉・東広島の酒。賀茂泉は色からして熟成酒で、雨後の月も個性的な味だ。

どちらも美味しいが、個人的にはBコースだな。こうやって自分の好みが見つかるのは嬉しい。

年季を重ねた酒グッズに囲まれながら飲むと一層うまく感じる。

触りながら飲めば金運が上がる？

細い路地が入り組んだ、いかにも元花街という「新開」の一角に、その店**「ロダン」**はあった。看板には〝Jazz & Shell collection〟とある。いかにも怪しげだが、思い切ってドアを開けた。

中はさらに怪しかった。薄暗い店内の、壁という壁に大小様々な貝殻がぎっしり飾られている。まるで竜宮城だ。待っていたのは乙姫……ではなく熟年のマスター夫婦。「いらっしゃいませ。こちらへどうぞ」と品のいいマダムが迎え入れてくれた。

とりあえずウイスキーのソーダ割りを注文。飲みながら店の経緯を聞く。この店を始めたのは昭和40年。最初は喫茶店だったが、まだ子供が小さかったので、一

日仕事の喫茶店より、「夜だけ開ければいいスナックの方が効率的」と方向転換したという。

貝に興味を持ったのは、店を始めて10年ほどたったころ。旅行に行ったフィリピンの小島でその美しさに魅了された。

「貝って昔はお金だったんでしょ。集めたら店もうまく行くんじゃないかって。ウフフ」

それ以来、毎年フィリピンを訪ねては、貝殻を集めて来ること40回以上。集めに集めて、その数は数万を超える。

「いまじゃ貝を目当てに来る人も多いんですよ。貝を触りながら飲むと、金運が上がりそうだって」

ちなみに店内には100台以上の蓄音機や古いブリ

キのオモチャも飾られている。どちらにも作った人の思いや使ってきた人たちの記憶が魂のように宿っているのか、オーラのようなものがひしひしと伝わってきた。

ロダンを出た後は、店にいた常連客に連れられて、日本人のママとフィリピン出身のチーママがいる「エルドール」というスナックへ。そのあとは「クラウン」という変わった名前の中華屋で、レバニラ炒めとラーメンを食べて〆た。

食いも食ったり。飲みも飲んだり。どこも歴史や店主の思いが詰まった良いお店だった。

初めて訪れた街で良い店に出会えるかどうかは「縁」だと思う。その縁はきっと自分の人生の運を開いてくれるはずだ。そんな「開運酒場」を、俺はこれからも探し続けるだろう。

パワースポット

「艮（うしとら）神社」／住所 広島県尾道市長江1―3―5／祭神 伊邪那岐命《いざなぎのみこと》、天照大御神《あまてらすおおみかみ》、素戔男命《すさのおのみこと》、吉備津彦命《きびつひこのみこと》／ご利益 厄除けなど／http://ushitorajinja.org/top.htm

「千光寺」／住所 広島県尾道市東土堂町15—1／本尊 千手観世音菩薩／開祖 弘法大師／ご利益 火難除けなど／http://www.senkouji.jp

酒場

「後藤屋」／住所 広島県尾道市土堂2—8—23／電話 0848—22—3947 営業時間11時30分～21時／定休日 火／ビール550円、日本酒500円、酎ハイ（レモン、ライム、梅、ウーロン茶）440円、芋焼酎480円、刺身盛り合わせ1300円、白身刺し身1300円、生ちり1080円、出し巻き（2人前）650円、ママカリ酢漬け650円 他

「向酒店」／住所 広島県尾道市久保1—10—4電話 0848—37—1133／営業時間 9時～20時／定休日 日／http://www.mukai—saketen.com/

「洋酒喫茶 ロダン」／住所 広島県尾道市久保2—14—13／電話 0848—37—3895／営業時間 19時～23時／定休日 日／カクテル800円、ハイボール800円 他

拾 幸運

山形・中山町ほか

縁起のいい地酒を座敷わらしの宿で味わう

座敷わらしの宿に泊まれるって

神社やお寺などの開運スポットによく行くようになったら、スピリチュアルな友達やイベントのお誘いが増えた。類ならぬ、霊は友を呼ぶ、だ。

ある日「座敷わらしの宿に泊まれるって」とカメラマン・ヨシザワからメール。泊まれるって、一度も希望したことはないのだが……でもまあ面白そうなので行くことにした。その宿は山形にあって、一棟貸し切り。1年先まで予約が埋まり、なかなか泊まれないのだそうだ。

当日、待ち合わせ場所の池袋西口公園に同行者がやってきた。カメラマン・ヨシザワの友人2人。一人は花屋、もう一人はエンジニア。いずれも俺と同年代の女性たちだ。

現地まではレンタカー。運転はもちろん俺。プリンセス3人は、座敷わらしトークに花を咲かす。さしずめ俺はカボチャの馬車の御者だ。東北道をひた走ること4時間あまり、山形の寒河江インターチェンジを降りた。

座敷わらしの宿まであと少し……だが、その前に今夜飲む酒を仕込もう。宿は素泊まりで、食事の用意や布団の上げ下ろしも全て自分たちでやらなければならない。食材は宿の近くのスーパーで買うとして、せっかくの酒どころ山形だ、酒は蔵元で直に購入したい。

スマホの地図アプリで〝酒蔵〟と検索すると、寒河江市内で3軒もヒットした。選んだのは**「千代寿虎屋」**という酒蔵。理由は縁起のいい名前だから。

「千代寿虎屋」は、白壁に酒林かぶらさがる風情ある酒蔵だった。看板には大きな菰樽（こもだる）が描かれ、樽の中心に大きく金で〝寿〟の文字。見るからに縁起がいい。

事務所に挨拶すると、女性従業員が試飲を勧めてく

れた。試飲会場は道の向こうの小さな蔵。中に大きな木のテーブルがあり、棚にずらりと酒瓶が並んでいた。〝千代寿〟という定番銘柄の他に、〝大虎〟や〝虎虎〟など「虎屋」にかけた銘柄もある。女性従業員は「タイガースファンの方にも人気なんですよ」と言う。さもありなんだ。

聞けば「千代寿虎屋」は、山形市で1696年（江戸時代）に創業した「虎屋」という酒蔵がルーツ。その寒河江工場が大正に入り分家独立したのだという。使っている米はすべて山形県産。古い品種の米を復活させたり、米作りから関わっていたり、酒の質には相当こだわっているようだ。

なんと試飲は全て無料。そのぶん購入のプレッシャーは高まるが、さすが現代のマリー・アントワネット3人、そんなことは気にしない。片っ端から試飲していく。気に入ったものがあると「これお代わり～」って、それじゃ本気飲みだ。もちろん運転で飲めない召使いなど一向に気にするそぶりはない。

束の間の小宴会の後、特別純米生原酒のしぼりたてと、古来品種で作った純米生原酒をそれぞれ一本ずつ購入。座敷わらしの宿へ向かった。

反対から読むと…

その座敷わらしの宿は、意外と普通の住宅街の中にあった。建物自体は古い農家の母屋を使っていて雰囲気があるが、隣は現代的な民家。車で5分も走ればスーパーや日帰り入浴施設もある。人里離れた山奥の廃屋をイメージしていたので、ちょっと肩透かし……。

宿の名前は**「タガマヤ村」**。最初は意味が分からなかったが、反対から読むと、ヤ・マ・ガ・タ、そう山形だ。建物のあちこちに貼られたホーローの看板が、レトロ感を演出している。

母屋の中には先客がいた。郡山の猫カフェの店長親子とスタッフたちだ。実は今回、たまたま予約していた猫カフェの店長さんが、仕事で知り合いのカメラマン・ヨシザワ（実は有名な猫カメラマン）を誘ってくれたのだ。

さて、カメラマン・ヨシザワ以外初めて会う、性別も年齢もバラバラな計10人の合宿が始まった。一番下は小学生だ。時刻は午後の4時過ぎ。夕食まではまだ時間がある。とりあえず母屋の中を探索することにした。

三和土の玄関を上がると、右が台所、左が居間。居間を抜けると突き当りに15畳くらいの座敷があった。足を踏み入れた途端、思わずギョッ。床の間に無数の人形が飾られているのだ。しめ縄まで飾られている。

恐る恐る近づいてみると、髪の長い着物姿の少女の絵が飾られていた。どうやらコレが座敷わらしらしい。

何とも言えない不気味さに、背筋がひんやりとした。霊感はないはずだが〝何か〟が伝わってくる。無数のおもちゃは「座敷わらしは子供だからオモチャが好きだろう」と、泊まりに来た客がお供えしたものだという。

離れには蔵があった。行ってみると、ますますその〝何か〟は強くなった。霊感があるという猫カフェ店長の娘さん（※取材当時高校生）は蔵に入るなり一言、「いるね」。

庭には大きな木があり、ブランコやハンモックなどが設えられてあった。木に登ると一畳ほどの狭い秘密基地。野球盤やスーパーカーのプラモデルの箱、壊れたオペラグラスなど、なつかしいガラクタであふれていた。物置小屋には卓球台が置かれてあった。そのほのぼのさが、かえって床の間や蔵の中のピリピリとした空気を際立たせていた。

家の探索を済ますと、近所のスーパーへ食材の買い

出しに行った。そこでたまたま売っていた宝くじを10枚購入。宿の神棚にお供えすると当たると聞いたからだ。

その後、全員で近くの日帰り入浴施設へ。ますます部活の合宿だ。

食事は母屋の囲炉裏でバーベキュー。途中で買った地酒も堪能した。気持ちよく酔いも回り、そろそろ寝ようということに。

奥の座敷と居間、蔵に分かれて布団を敷き、枕を並べた。さすがに枕投げはしなかったが、久々にワクワクした気分を味わった。

後は座敷わらしが現れるのを待つだけだが……蔵の方からワッと大きな声がした。やがて、数人が慌てて居間に駆け込んできた。カメラマン・ヨシザワがスマホを掲げてこう叫んだ。

「オーブの動画撮った！」

オーブとは霊魂の一種で、たまに映り込んだ写真を見るが、動画は初めてだ。みんなでスマホを取り囲むようにして見る。しばらく闇の映像が続くと、一瞬何かが煌めいた。

「コレ！」

光の乱反射のような、宙に浮いたゴミのような……でも光源のない闇の中では光が乱反射することも、宙に浮いたゴミが写り込むこともありえない。

一同騒然となった。「いる！」と。ただし人の気配があると座敷わらしは現れないというから、寝静まったところ、こっそり現れたところを盗み見するしかない。皆一斉に布団に潜り込んで息を殺した……。

気づくと俺は寝てしまっていた。他の人たちも同様で、静かな寝息の他は、寝返りを打つ音すら聞こえない。

暗闇の中、水を飲みに台所へ向かった。すると、蛇口から水が出しっぱなしになっていた。「もったいないな、ちゃんと閉めないと……」。特に深く考えずにコップに水を汲み、飲んだ。コップを置いて再び布団へ。しばらくすると、台所の方から何やら物音がする。行ってみると、閉めたはずの蛇口から水がジャーッと流れ出していた。

背中に冷や汗が流れた。ちゃんと栓を閉めていなかった、という量ではない。もしくは閉めたと思ったのは自分の勘違いか？

背後でガタンという物音が聞こえた。振り向くと、廊下に小さな人影が見えたような……。

「座敷わらし？」

しかしハッキリと、その姿を見ることはできなかった。

翌朝。皆で揃って食卓を囲んだ。シンプルな卵かけご飯が無性にうまい。大勢で食べるからだろうか。その後昼までだらだらして、皆それぞれの日常へ帰っていった。

たぶん座敷わらしはいるだろう。でもハッキリ見てしまってはつまらない。いつでも俺は、ホロ酔い気分で生きていたいのだ。

だから宝くじも、持ち帰って家の神棚に置いたままなのである。

パワースポットデータ

「タガマヤ村」／住所 山形県東村山郡中山町大字柳沢41／祭神 座敷わらし／ご利益　見たものに幸運をもたらす、家に富をもたらす／http://tagamaya.com/

酒場データ

「千代寿虎屋」／住所 山形県寒河江市南町2―1―16／電話 0237―86―6133／http://www.chiyokotobuki.com/index.html

番外 福顔

**思わず飲みたくなる〝顔〟がある。
氣の良さが顔に出るのだろう。
パワースポットのようなご尊顔を
拝みつつ飲む酒は、酔い心地がいい。**

東京・武蔵小山
「酒縁 川島」ママ
川島はなまさん

店は住宅街のマンションの一階。客が10人も入れば一杯で、カウンターには形も色も様々なお猪口がズラリ、壁や天井には手書きの品書きや酒のラベルがビッシリだ。

こういうマニアックな店は、店側も飲む側も真剣なあまり、店の雰囲気が重くなりがちだが、この店はいつ来ても明るい。

それは太陽のような笑顔の〝ママ〟のおかげであることは、誰の目にも明らかだ。見る

春霞
龍力
而今
純米吟醸
来福
清酒
亀甲
花菱
清酒
亀甲
花菱

みちのく焼
揚げおろし
焼トマトのニンニク風味
おつまみスパゲッティ
㊗三陸スパゲッティ
武蔵小山ナポリタン
特製「タレ焼」スパゲッティ
和風きのこスパゲッティ
じゃこ・しそスパゲッティ 各
まぐろ
800円
三陸アヒージョ
川島アヒージョ
750円
しいたけ ホタテ 650円
〃 タコ 750円
〃 イカ 750円
〃 ホヤ 750円
〃 エビ 800円
川島ボロネーズ
パスタ
750円

純米生原酒
旭日
清酒
じゅうじあさひ
まんさくの花
吟醸原酒
Advance
川鶴
KAWATSURU
SINCE 1891
味

からに〝肝っ玉母さん〟な風貌だが、決してぶれない芯の強さの向こう側に、乙女のような可憐さを併せ持っていることは、何度か通うと分かってくる。酒も料理も一流だが、一番の名物はこのママの笑顔である。

店データ

東京都品川区小山4―10―4
TEL　03―3785―8806
18時30分～23時30分　不定休

川島ママ&マスター夫妻と酒ソムリエ・岩井博さんの〝三人四脚〟で営む銘酒酒場。日本酒の品揃えは東京随一。マスターの作る料理も日本酒に合うと評判だ。

年に数回全国の有力蔵元を一同に集める利き酒会「日本酒フェスティバル」を開催している。毎月11日には東日本大震災を忘れないよう「復興祭」を開催（ママが南三陸町出身）。

東京・銀座「バル・エル・センブラドル」マスター
須釜伸一郎さん

惚れ惚れするくらい形よく、ピンと立って見事である。

須釜さんの耳こそまさに〝福耳〟だ。

そしてシュッと引き締まった顔と丸い頭……う～ん、どう見てもお坊さん。

それも千日修行とかしてそうな〝本気〟のお坊さん。タイとか東南アジアにもいそうだ。

黄土色の袈裟など着せたら、ビルマの竪琴そのまんま。

だけど中身は、洒落のきく気の優しいお兄さん。都会で働く老若男女の愚痴や自慢を、ウンウンと聞いてくれる。てか、これこそお坊さんの役割じゃないか。酒や料理の知識も豊富で勉強になる。

そう、ここは酔える大人の駆け込み寺だ。

Dios Baco
Oloroso
Dios Baco
Amontillado
BARBADILLO
DE BARBADILLO
AMONTILLADO
BARBADILLO
PALO CORTADO

Dios Baco
Oloroso

店データ
東京都中央区銀座6―3―17悠玄ビル1F角
TELなし
17時～未定　日休

銀座・泰明小学校の目の前の立ち飲みバル。スペインに何度も足を運ぶマスター須釜さんが一人で切り盛りする。

飲ませるのはスペインの国酒・シェリー。辛口のフィノから極甘口のペドロ・ヒメネスまで選りすぐりを揃える。タパス（小皿）料理も一級品。特に「自家製かすていら」はスイーツなのに酒が飲みたくなる摩訶不思議な一皿。ぜひお試しを。

大阪・大正「くろしを寿司」小さな社長
阿部孝幸さん

これまでの酒人生で、入りづらさでいったらこの店は十指に入る。店構えの自己主張があまりに過剰だからだ。だが一度入ってしまうと居心地の良さに、今度は出るに出られない……。

それはすべて〝小さな社長〟こと阿部孝幸さんの人懐っこい笑顔のせいだ。いや～、この顔はずるい！　仮にこちらが怒っていても〝まあいいか〟とはね返してしまうパワーがある。刺し身のワサビが何故か人の顔の形をしていても、たこ焼きソングのCDを自作していても、〝まあ、この顔だから〟と納得させてしまう。

それでいて自慢のマグロはすこぶるうまい。〝わけわからん！〟とはこの店のことをいうのだ。

を寿司オススメ
オススメ
トロニギリ
600円
中おちマグロ
600円
トロカマ焼き
700円
¥600-
くろしを

寿し 酒処
くろしを
活魚料理
☎553-7999
くろしをまぐろ
日本一

くろしを寿司オススメ
のってん
ほっぺた
あご
めのうら
1番のオススメ
トロニギリ
600円
中おちマグロ
600円

マスターが作詞・作曲　1st CD「たこ焼きの歌」￥300

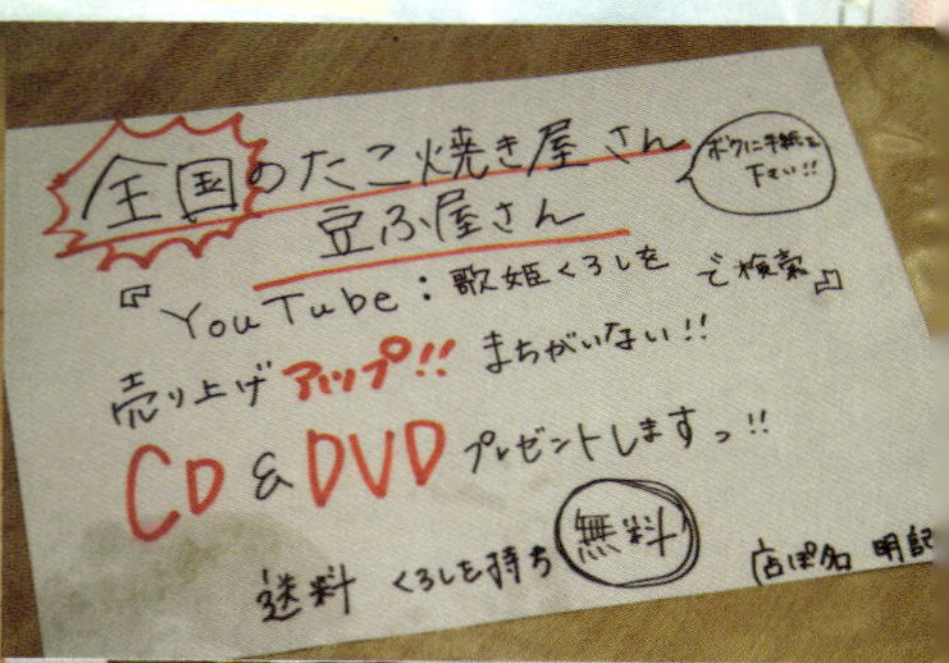

店データ

大阪府大阪市大正区三軒家西1—17—2
TEL　06—6553—7999
17時30分～24時　定休日なし

最寄り駅はJR大阪環状線大正駅。元寿司職人の阿部社長が営む、マグロが自慢の海鮮居酒屋。

オススメは、あごやほっぺたなどマグロの様々な部位が盛り合わせになったトロ握り。その他マグロ以外の料理も多数。

マイペースの阿部社長と、店を仕切るアルバイト女性の〝かけあい〟も楽しい。

神奈川・野毛「居酒屋トモ」ママ うめだともこさん

仏像はインドから日本に伝わってくる間に、ずいぶんと顔が変わったそうだ。当然インドに近いほうが、目鼻立ちの整ったオリエンタルな顔だちをしているという。

野毛「居酒屋トモ」の〝ともママ〟の顔は、どっちかというとそっちの顔。どうですか、このご尊顔。なんだか後光が指して見えませんか？

日本酒の品揃えが豊富なのに、バナナ芋と穴子の炙りを合わせたりと料理が独創的なのも、その顔立ちと無縁ではないと思うのだけど……もちろん勝手な妄想ですが。

野毛

一品料理
トモ
一品料理
トモ
100yen
200yen 300yen
生しぼり
サワー
全品
¥500
おまかせ
おすし
¥600
ひれ酒 600
芋ロック 600
ホッピー ¥500
ハムカツ 600
生しぼりサワー
¥500
ワイン 600

ボトル
ワイン
残ったら
お持ち帰り
¥2000
ホッピー ¥500
芋ロック ¥600
ワイン ¥600
ひれ酒 ¥600
角ハイボール ¥500
生しぼりサワー
全品
¥500
あつやき
玉子
¥300
おまかせ
おすし
スモークサーモン 600
わかめ酢 600
HOPPY

日本酒
七福神
美稲
神泉醸延壽
辛口
シンカメ
高千代
美山錦

HAKUSHIK

店データ

神奈川県横浜市中区野毛町1—45第2港興産ビル2F
TEL　045—231—5712
15時～26時　無休

居酒屋の聖地〝野毛〟にあって、独創的な料理とママの人柄で絶大な人気を誇る居酒屋。一人切り盛りするママ・うめだともこさんは野毛の生まれだ。

料理は個性的ではあるが、食べてみると抜群に美味い。店の片隅の冷蔵庫を覗いてみれば日本酒の品揃えも豊富であることがわかる。

そして気づけば、2度、3度と足を運んでしまうのである。

東京・自由が丘「家庭料理 有明」女将 柴田喜布（きふ）さん

ニコニコ笑顔を絶やさない。だけどその目はどこか憂いをおびている……とまあ、そう思ったのは、何度か通って、女将さんの波乱の半生を聞いたからであって、素人相手に内面を見透かされるような、そんなヤワな女（ひと）じゃない。

だけど老いも若きもこの店に集うのは、女将さんの慈悲深い笑顔に、知らず知らず癒やされているからだろう。

人の痛みを癒せるのは痛みを知る人だけ。「いいぞいいぞ」という女将さんのカラオケの合いの手に、励まされている客は多いはずだ。

うどん 六〇〇
ズ
んぴら 五〇〇
イボール 六〇〇

純米吟醸
雪の茅舎
YUKI NO BOSHA
SINCE 1902

ビール 八〇〇
日本酒 七〇〇より
焼酎水割 六〇〇
金魚 六〇〇
有明ハイボール 六〇〇
きんぴら 五〇〇
チーズ 五〇〇
丸干し 五〇〇
あたりめ 六〇〇
えいひれ 七〇〇
くさや 八〇〇
さぬきうどん 六〇〇

小料理
有明
DC
有明

店データ

東京都目黒区自由が丘1—31—10
TEL　03—3725—0382
18時〜26時　不定休

自由が丘駅南口近くの「よりみち横丁」で三十年以上、大分出身の柴田喜布（きふ）さんが営む小料理屋。

熊本直送の馬刺しやニラ玉などの家庭料理が美味しい。

お酒のオススメは「金魚」。焼酎の水割りに大葉と鷹の爪を浮かせ、金魚鉢の金魚に見立てた風情ある一杯だ。

付録 酒場用語の基礎知識

あ行

▼**朝酒**〔あさざけ〕

朝に飲む酒のこと。夜勤明けに飲む場合もあるが、休日の朝や、旅館の朝食の漬物、アジの開きをツマミに飲むのも最高である。歴史上、最も朝酒を愛した人物は小原庄助（オハラショウスケ・民謡「会津磐梯山」で〝朝寝、朝酒、朝湯が大好きで〟と歌われる）だと言われているが、結果的に〝身上《しんしょう》つぶした〟とされるので、過度な朝酒は慎むべきかもしれない。朝酒が飲める酒場としては、赤羽の「立ち飲みいこい」が有名。

▼いも酒屋〔いもざけや〕
里芋の煮っころがしをツマミに酒を飲ませる居酒屋。江戸時代に流行った。

▼鰻の串焼き〔うなぎのくしやき〕
鰻の蒲焼は高級料理の代名詞だが、肝焼きやカブト焼きなど鰻の串焼きを売りにする大衆酒場は多い。新宿の「カブト」や自由が丘の「ほさかや」などが有名。

▼えべっさん〔えべっさん〕
七福神の一人「恵比寿神」を、関西で親しみを込めて言う言方。あるいは、毎年1月9日から11日の間に恵比寿神に参る十日戎のこと。関西では商売繁盛を願うための一大イベントで、この時に買った羽子板や熊手を店に飾る酒場は多い。

▼お通し〔おとおし〕
酒を頼むと出てくる小鉢料理のこと。「突き出し」ともいう。江戸時代にお通しは存在せず、昭和のはじめ頃に始まったという説が有力である。まず酒を頼み、料理が出てくるまでの間つなぎという意味があるが、〝頼んでもいないものにお金を払いたくない〟という意見も

あり、賛否両論ある。ただし、良い店はお通しにも手を抜かず、旬の素材をさりげなく使っていたりもするので、お通しを参考にその店の実力を推し量り、料理を選ぶのも賢い方法である。

▼お湯割り〔おゆわり〕

おもに本格焼酎をお湯で割って飲む飲み方。芋や麦など原料の風味がまし、燗酒同様、内臓が温まり消化酵素の働きも活発になるので悪酔いしないと言われる。芋焼酎の本場である鹿児島ではお湯割りが定番の飲み方で、それをゆっくり飲むと疲れ（ダレ）が消える（ヤメる）ため〝ダレヤメ〟と言われる。東京の下町の大衆酒場で、銘柄を指定せずに単に〝お湯割り〟と頼むと、たまに甲類焼酎のお湯割りが出てくる場合がある（それが良いという筋金入りの飲べえもいる）。

か行

▼角打ち〔かくうち〕

売り物の酒を店先で飲ませる酒販店のこと、あるいはそうした場所で飲むこと。ほぼ定価で飲むことができるので、リーズナブルに楽しめる。北九州市が発祥とされ、今でも150

店も増えている。

軒ほどが健在。近頃は全国的に、角打ちの気軽さをイメージした「角打ちバル」なる飲食

▼燗〈かん〉

清酒を温めて飲むこと。温めないで常温で飲むことを冷《ひや》といい、冷たくして飲む冷酒《れいしゅ》とは区別される。そもそも江戸時代から酒は燗をして飲むのが習わしだった。燗をすることでほのかな香りが立ち、味もまろやかになる。また、温度によって味も変わる。熱からず、冷たからず、その間の温度だから〝かん〟というようになったという説もある。世界中見渡しても温める酒は日本酒と紹興酒だけだが、中国では夏場に温めることは稀だという。日本でも一時期冷酒がブームとなったが、近頃は再び燗酒が見直され、特に純米酒は「夏でも燗」というファンが増えている。

▼生酛〈きもと〉

〝生酛造り〟という昔ながらの製法で作られた日本酒のこと。自然界に存在する乳酸菌を取り込むために、米や米麹をすり潰して、乳酸菌が発生しやすい環境を作る「山卸《やまおろし》」という作業を行うのが特徴。ちなみにこの山卸を行わない酒を〝山廃《やまはい》〟といい、どちらも、現在主流の速醸酛《そくじょうもと》を使う製法に比べ時間も手間もかかるが、〝うまい酒〟の代名詞とも言え、

酒場で見かけたらぜひ飲んでみて欲しい酒の種類の一つである。

▼ぐい飲み〔ぐいのみ〕

大きくて深い杯のこと。茶碗酒を〝ぐい〟と一気にあおることから来ている。

▼下り酒〔くだりざけ〕

灘や伊丹など昔から酒の本場とされる上方（近畿地方）から運ばれてきた酒のこと。江戸時代は京都に朝廷があったため、関西から関東へ物や人が動くことを〝下る〟といった。樽廻船という船で運ばれてくる間に、波に揺られて味がまろやかになったという。江戸で飲まれていた酒はほとんどがこの下り酒だった。

▼熊手〔くまで〕

長い柄の先に、曲がった爪が熊の手のようについた物。本来は落葉などをかき集めるための竹製の道具だが、お金をかき集めるという意味を込めて、酉の市などで縁起物として売られる。また、それを飾る酒場も多い。熊手には紙製の小判やおかめの面（関西ではえべっさん）などがつけてある。

▼一斗二升五合〔ごしょうばいますますはんじょう〕

一斗は五升の倍だから、「ごしょうばい＝ご商売」二升は升がふたつで「ますます＝益々」五合は一升の半分で「はんじょう＝繁盛」すなわち「ご商売益々繁盛」と読ませる。この文字を掲げたり、ラベルに印字した大きな瓶を、縁起物として飾る酒場がある。

▼コダマサワー〔こだまさわー〕

東京大田区にある「コダマ飲料」が販売するお酒の割材のこと。レモン、アセロラ、ライム、うめなど様々な味がある。

さ行

▼酒林〔さかばやし〕

特に日本酒を売りにする居酒屋の軒先に掲げられていることが多い。杉の木を球状にした飾り。元々は酒蔵が春に新酒ができた印として蔵の軒先に吊るしたのが始まり。夏を超え茶色く色付けば、熟成の証だとされる。さらにさかのぼり、酒蔵が酒林を軒先に掲げるようになったのは、奈良県の三輪神社の祭神・大物主神が酒造りの神で、神木が杉の木であるため、酒造りと杉が結びついたからだという。現在も三輪神社の社殿には、直径1・7mの巨大な酒林が飾られている。

▼酒の字〈さけのじ〉

十二支のひとつ「酉《とり》」の字は、もともとはお酒を入れる酒樽の形をあらわした象形文字。

▼サワー〈さわー〉

語源は英語で酸味のある、酸っぱいという意味の〈sour〉。焼酎やウォッカなどのスピリッツをベースに、柑橘類などの果汁やソーダを加えた飲み物のこと。「チューハイ」はほぼ同義だが、単にチューハイという場合、焼酎をソーダで割っただけか、そこにレモンスライスを入れただけの飲み物となる。

▼酒肴〈しゅこう〉

酒の肴《さかな》のこと。肴とは酒《さか》と飯に添えて食べる菜《な》の合成語で、「酒に添えて食べる物」という意味。つまり、酒が主役で肴は酒を美味しく飲ませるための脇役ということになるが、もちろん主役をとって食うようなうまい酒肴もある。

▼焼酎ハイボール〔しょうちゅうはいぼーる〕

ウイスキーがまだ高価だった時代、焼酎をソーダで割り、色と香味付けのために梅エキスやシロップを混ぜ、ウイスキーハイボールのように見せたアルコールドリンクのこと。東京墨田区の鐘ヶ淵辺りが発祥とされる。酎ハイとは本来その略語であるが、現在は特にウイスキーに似せたものではなく、焼酎をベースにした炭酸カクテルのことを幅広くいう（サワーとほぼ同義）。

▼寿司屋で飲む〔すしやでのむ〕

白木のカウンターで最初に何品か魚介類をツマミに酒を飲み、締めに握りを食べるというのはツウな飲み方とされているが、寿司は江戸時代に屋台で供された〝ファーストフード〟。本来はお茶で食べるものだったので、寿司屋で泥酔するまで飲むのは、野暮と言える。

▼仙台四郎〔せんだいしろう〕

江戸時代末から明治時代にかけて、現在の宮城県仙台市に実在した人物。知的障害があり、会話が上手くなかったが、四郎が訪れる店は繁盛するとして大事にされた。没後、商売繁盛のご利益がある福の神としてその写真や置物が飾られるように。股間をよく見ると、イチモツがちらりと見えているのがご愛嬌だ。

▼**ソーダ割り**〔そーだわり〕

焼酎やウイスキーをソーダで割って飲むこと。そこに果汁やシロップを混ぜるとサワーやチューハイとなる。

た行

▼**大衆酒場**〔たいしゅうさかば〕

一般的な居酒屋より、客単価の安い、いわゆる大衆価格で飲める酒場のこと。千円でベロベロになれることから「センベロ酒場」とも。本来は日雇い労働者など低所得者向けの飲食施設だが、近頃はレトロな雰囲気や〝安くて美味しい〟ツマミに引かれて、サラリーマンや若い女性も足を運んでいる。

▼**立ち飲み**〔たちのみ〕

大衆酒場の一種で、読んで字のごとく立って飲む形態の飲食店。椅子がない分、一般的な居酒屋より安価だが、近頃は高品質・高価格な酒・肴を出しながら、あえて立ち飲みスタイルをとる店もある。

▼血の一滴〔ちのいってき〕

酒場で酒をこぼした時に、戒めとして言われる言葉。用例は「(こぼした相手に) おいおい、酒は血の一滴だぜ」あるいは、「(こぼした自分に) おっと、酒は血の一滴ってね (といってこぼれた酒をすすれば完璧)」。

▼酎ハイ〔ちゅうはい〕

焼酎ハイボールと同じ。

▼銚子〔ちょうし〕

小さな注ぎ口がある長い柄《え》のついた酒器で、もともとは生薬を煎じるのに使われた土瓶ややかんなどのこと。千葉県の銚子市は地形が銚子の形に似ているためその名がついた。よく燗酒を頼む時に〝お銚子一本〟と言うが (厳密には徳利なのに)、そもそも銚子が酒を温めるための道具だった名残である。

▼提灯〈ちょうちん〉

居酒屋のトレードマークとして軒先に掲げられている。色は白と赤があるが、特に〝赤提灯〟は居酒屋そのものを表す隠語でもある。白は比較的客単価が高めの料理割烹や焼き鳥専門店である場合が多い。大衆的なイメージのある赤提灯と差別化したいからと思われるが、その定義は定かではない。

▼猪口〈ちょこ〉

清酒を飲むための小さな陶磁製の器。木製朱塗りの盃の方が歴史が古いが、江戸時代になると猪口が使われるようになり、居酒屋では扱いも楽な猪口が一般的な酒器となる。最初は〝ちょく〟と言ったが、やがて変化して〝ちょこ〟と言うようになった。

▼チロリ〈ちろり〉

酒の燗をする筒形の容器。上部に取っ手と注ぎ口、フタがついている。銅製や錫製。江戸時代からあり、チロリで燗をしてそのまま客に出していた。

▼つまみ〔つまみ〕

酒肴のこと。元々は、酒肴の中でも、皿に盛られた料理を各自取り分けて食べる「取肴《とりさかな》」のことを言ったが、幕末の頃に今の〝つまみ〟という言い方になった。

▼手酌〔てじゃく〕

自分で酌をしながら酒を飲むこと。「手酌貧乏」という言葉があるように、昔から恥ずかしい、侘しい行為だと思われがちだったが、近頃は〝自分のペースで飲めるから〟と、手酌を好む人も増えている。

▼徳利〔とっくり〕

〝とくり〟の当て字。注ぐ時の〝とくりとくり〟という音、ハングル語で酒壺を意味するトクールなど由来は諸説ある。なお、徳利の注ぎ口を上にして注ぐのがマナーと言われるが、その理由は「客から見ると絞っている方が上なので〝宝珠〟に見える」「下にすると〝縁を切る〟意味になる」「戦国時代、武将暗殺のため注ぎ口に盛られた毒を避けるため」など、やはり諸説ある。

な行

▼生ビール〔なまびーる〕
加熱処理をしていないビールのこと。酒場においては樽生ビールをジョッキに注いだもののことをいう。非加熱処理ならではの爽快な喉越しは格別だが、瓶ビールしか置かないという古い酒場もいまだに多い。

▼生酔い〔なまよい〕
少し酒に酔った状態。ただし、江戸時代は、逆にひどく酒に酔った人をこういった。

▼煮売酒屋〔にうりさかや〕
煮物を中心に簡単な食事と酒を出した江戸時代前期の飲食店で、居酒屋のルーツといわれる。

▼ぬる燗〔ぬるかん〕
少しぬるめの燗の温度のこと。一般的には40℃くらいをいう。日本酒は温度によって呼び

方が変わる。

雪冷え　5℃近辺
花冷え　10℃近辺
涼《すず》冷え　15℃近辺
常温　20℃近辺
日向《ひなた》燗　30℃近辺
人肌《ひとはだ》燗　35℃近辺
ぬる燗　40℃近辺
上《じょう》燗　45℃近辺
熱燗　50℃近辺
飛切《とびきり》燗　55℃以上

▼懇ろになる〔ねんごろになる〕

酒場において、女将やママなどの女性と親しい関係になること。ある意味男の憧れともいえるが、噂には聞けど、実際にそうなった人を見たためしはないので、一種のファンタジーかもしれない。カウンターの隅にいつもいて、一人で黙って飲んでいる男性客がいたら、「そうじゃないか？」と勝手に想像するのも楽しい。

▼**暖簾**〈のれん〉
居酒屋の入り口に吊るされている布や縄のこと。ルーツは江戸時代に普及した縄のれんで、ハエよけや、料理のにおいを外に漏らして客を呼ぶといった用途のほか、結界や魔よけの意味もあったらしい。

は行

▼**ハイサワー**〈はいさわー〉
〝♪割るならハイサワー〟のＣＭソングで知られるお酒の割り材のこと。目黒区にある博水社の商標商品。

▼**バイス**〈ばいす〉
コダマサワーのラインナップの一つで、シソエキスとリンゴ果汁を主原料とした割材のこと、またはそれで割って作ったサワーのこと。昭和59年に誕生して以来、爽やかな酸味と目にも鮮やかなピンク色が人気を博している。特にモツ焼きと相性がよく、モツ焼き屋でこれがあると個人的にうれしくなる。

▼瓢〔ひさご〕

瓢箪《ひょうたん》、夕顔、冬瓜《とうがん》などの総称。熟した瓢箪の果実の中身をくり抜いて乾燥させたものが、昔は酒器として用いられたことから、酒場の店名や内装のモチーフ、縁起物としてよく使われている。〝ふくべ〟とも言う。

▼ひや酒〔ひやざけ・ひや〕

常温の清酒のこと。冷蔵庫で冷やした〝冷酒《れいしゅ》〟とは厳密には違う。そもそも日本酒は季節問わず燗にする（温める）のが当たり前で、冷蔵庫が普及する前は常温つまり「ひや」が一番冷たい温度だった――とは、今はなき門前仲町の名店「浅七」のご主人の受け売りである。さらに浅七のご主人によれば、季節によってひやの温度も変わるので、冬は〝少し温めてくれ〟などというツウな客も昔はいたという。

▼ビアホール〔びあほーる〕

ビールを専門的に飲ませる比較的大型な店舗のこと。日本で初めてのビアホールは明治30年に大阪の大江橋南詰に大阪麦酒株式会社（現在のアサヒビール）がつくった「アサヒ軒」で、東京では明治32年に今の銀座8丁目に日本麦酒醸造株式会社（現在のサッポロビール）が作った「恵比寿ビヤホール」が最初とされる。現在、現存する最古のビアホールは、銀座7丁目の「銀座ライオン」。昭和9年の創業で、当時の面影を残すレトロな建物で飲むジョッキビールは最高である。ちなみに〝ビアガーデン〟は、デパートの屋上などで夏期に臨時で営業する飲食店のことで、屋根のないビアホールと言える。

▼瓶ビール〔びんびーる〕

瓶に入って売られているビールのこと。古い大衆酒場には生ビールサーバーを置かず、瓶ビールだけというところが多いし、あえて瓶ビールを選ぶ客も多い。その場合、サッポロビールのラガービール（通称〝赤星〟）を選ぶのが、ファンの間ではツウであるとされている。

▼ふくべ〔ふくべ〕

瓢箪（ヒョウタン）の別名。

▼普通酒〔ふつうしゅ〕

吟醸酒・純米酒・本醸造酒などの特定名称酒に区分されない清酒のこと。かつての「一級酒」「二級酒」にあたる。メーカーによっては「上撰」「佳撰」などと独自の呼称でランク付けしている。古い酒場では、いまだに酒のメニューを純米酒、普通酒、上撰、佳撰などと表示している場合がある。

▼不定休〔ふていきゅう〕
定休日が決まっていないことをいう。行ったら閉まっているとショックだが、事前に電話で確認すれば問題ない。

▼ホッピー〔ほっぴー〕
東京・赤坂に本社があるホッピービバレッジ株式会社が販売するビールテイストの清涼飲料水のこと。または焼酎をこれで割った飲み物のこと。東京の大衆酒場では定番中の定番だが、関西圏ではほぼ見られない。

▼本醸造〔ほんじょうぞう〕
アルコールを添加した清酒のこと。いわゆる〝アル添〟と蔑む人もいるが、酒の風味を閉じ込め、キレも増すので、好む人もいる。

ま行

▼升〔ます〕

液体や穀物の量をはかる四角形の箱形容器のこと。昔は酒屋に行くと、菰樽から升で量り売りされていた。その様子は今も東京・八重洲の居酒屋「ふくべ」で見ることができる。あるいは、冷酒を提供する際、小さな升にグラスを入れ、グラスに注ぎ入れた酒を升に溢れさせる〝こぼし酒〟が、パフォーマンスとして定着している。

▼招き猫〔まねきねこ〕

酒場の縁起物の定番中の定番。手を上にあげて福を招くという意味がある。右手を上げている場合はお金を、左手の場合は人を招き入れるとされている。中には両手を上げているものもあるが、これだと〝商売上がったり、お手上げ〟という意味にもなるので、基本的には片手である。色の基本は白だが、黒もけっこう多い。この場合、黒＝魔よけを意味する。

ミルク割り〔みるくわり〕

大衆酒場でたまにメニューとして見られる焼酎の飲み方。もちろん冷たい牛乳を用いる。意外と飲みやすくて美味しいが、〝牛乳が胃に粘膜をはるから悪酔いしない〟かどうかは定かではない。似た飲み方としては、豆乳割り、ヨーグルト割りなどもある。

無濾過生原酒〔むろかなまげんしゅ〕

一切濾過せず、火入れもせず、水も加えない、出来たままのピュアな清酒のこと。その分アルコール度数も20度前後と高めであることが多いが、温泉における〝源泉かけ流し〟同様、酒の醍醐味として熱狂的に好むファンは多い。

目が潰れる〔めがつぶれる〕

終戦直後にメチルアルコールなどを混ぜた悪質な酒を飲んで失明した事件が相次いだことに由来し、平成の初期くらいまで、安価な酒場で正体不明の清酒を飲んだ時に、よく発せられていた言葉。今ではそんな酒はほとんど見当たらず、〝昔は屋台なんかで酒を飲むと……〟など、昔話として語られるぐらいである。

▼モツ煮込み〔もつにこみ〕

豚の臓物を大根や人参、ゴボウなどの根菜類、豆腐、コンニャクなどと一緒に味噌や醤油で煮込んだもの。大衆酒場、特にモツ焼きを名物にする店では定番の料理で、作り置きができて早く提供できるため、枝豆などと並び、最初に頼まれる事の多いメニューの一つである。

▼モツ焼き〔もつやき〕

豚の臓物を串に刺して焼いた料理。一般的に鳥の臓物を焼いた場合は焼鳥、牛の場合はホルモン焼きと言うので、モツ焼きといった場合は、ほぼ豚の内臓の串焼きと考えてよい。

▼諸白〔もろはく〕

仕込み用の掛け米と麹米の両方に精白米を用いて作られた清酒のこと。16世紀に奈良で生まれた。今でこそ当たり前の手法だが、江戸時代は贅沢な作り方で、上等な酒の代名詞であった。ちなみに、掛け米のみに精白米を使った酒は片白という。

や行

▼やきとり／ヤキトリ〔やきとり〕
平仮名で〝やきとり〟あるいは片仮名で〝ヤキトリ〟とメニューにある場合、豚の内臓の串焼きであるモツ焼きと鶏の焼鳥が混合している場合が多い。これはブロイラーが普及する以前、鶏肉は貴重で、焼鳥に高級なイメージがあったことから、安価なモツ焼きをそう称して売った名残り。元祖は新宿思い出横丁の「宝来家」とされる。

▼和らぎ水〔やわらぎみず〕
主に日本酒を飲む際、合間に同量の水を飲むと酔いを和らげることから、気の利いた日本酒居酒屋では頼まなくてもチェイサーとして出てくることが多い。頼む時は普通に「お水ください」でよい。

▼酔った客お断り〔よったきゃくおことわり〕
泥酔した客の入店を嫌う酒場が店先に掲げる張り紙の文句。そう書いてなくても、酩酊しての入店は控えよう。

ら行

▼ラガービール〔らがーびーる〕

下面発酵によって作られたビールのことで、日本で一般的なピルスナータイプのビールもこの下面発酵のラガービールである。下面発酵に対する上面発酵のビールをエールといい、歴史はこちらの方が古い。

▼リカーショップ〔りかーしょっぷ〕

一般的には酒販店のことだが、店頭でも酒を飲ませる角打ちスタイルの店のうち、より気軽に飲める店のことをこう称する場合もある。問えば池袋の「リカーショップ常盤」はその代表格で、筋金入の飲んべえが揃うことから、東京における角打ちの聖地とも、デンジャラスゾーンともいわれる。

▼るみ子の酒〔るみこのさけ〕

日本酒漫画で知られる尾瀬あきら氏の命名・作画ラベルによる酒。蔵元の娘である森喜るみ子さんが「夏子の酒」を読み、感想文を尾瀬氏に送ったのが始まりとされる。ラベルは可愛いが、すべて純米の本格的な味わいに定評がある。

▼レモンサワー・レモンハイ〔れもんさわー／れもんはい〕

焼酎やウォッカなどのスピリッツをソーダで割り、レモンシロップを混ぜたカクテルのこと。生のレモンを絞り入れた場合は生レモンサワーとなる。

▼炉端焼き〔ろばたやき〕

コの字やロの字のカウンターの内側の炉の前に亭主が座り、魚や野菜を焼き、長いシャモジで客に配膳するというパフォーマンス性の高い郷土居酒屋の業態。北海道の釧路が発祥の地とされているが、東京にも何軒かある。昭和の一時期に流行した。

わ行

▼割り勘〔わりかん〕

仲間同士数人で勘定を割って払う方法。江戸時代からこうした風習はあり、「出し合い」「出しっこ」「割り合い」などと言った。

おわりに

神社仏閣の前を通ると拝まずにいられなくなったのはいつからだろう？　あるいは、独りで見知らぬ酒場に平気で入れるようになったのはいつだろうか？

どちらも、私の場合は四十を過ぎたころでした。

四十歳といえば、孔子の言葉に「四十にして惑わず」とある通り、物事の分別がつく頃とされています。私は四十の半ばを過ぎても未だに分からないことばかりですが、「自分一人ではどうにもならないことがある」ということくらいは、分かるようになりました（遅いって？）。その頃からです、何かに祈りたい気持ちが芽生えたのは。

見知らぬ町の、見知らぬ酒場に独りで入っても、気構えず過ごせるようになったのもこの頃からです。肩の力が抜けたというか、何者でもない、ただの一人のオッサンである自分にとって、何とも言えず居心地の良い空間になったのです。

そんな素直な気持ちで酒場にたたずみ、店内や店主、お客さんの様子を眺めてみると、あることに気づきました。

「酒場は神社仏閣と似ている」と。

まず、店内には御札やだるま、招き猫や熊手といった縁起物があります。中には神棚があったり、縁起物だらけだったりという店もあります。お神酒（みき）という言葉がある通り、酒と神事が深く関わっていることは、今さら説明するまでもありません。

そして、繁盛している居酒屋の店主は、どことなくオーラがあります。カリスマ性とも言えるでしょうか。それこそ悟りを開いた仙人のような人も少なくありません。

客は、そうした祈りの場や教祖のもとに集う信者のように見えました。特に下町の古くから続くモツ焼き屋のカウンターに横並びで座り、黙々と杯を傾ける客たちの姿は、祈りを捧げる敬虔な信者のようです。

では、皆（自分もですが）、何を酒場に祈りに来るのか？

それは、「より良い明日」なんじゃないでしょうか。

大金持ちになって月に行こうなんて大それたことを祈っている人は、大衆酒場にはいないでしょう（いや、逆にいるか。大風呂敷をすぐ広げる人は多い）。そうじゃなくて、せめて明日は今日より良い日であってほしい、そんな思いで（無意識にせよ）飲んでいる人がほとんどなんじゃないかと思うのです。

そう考えると、やっぱり神社仏閣にお参りするのに似ているな、と思うわけです。

毎夕、地元の酒場に足を運ぶご常連たちは、毎朝、地元の氏神様への参拝を欠かさない氏子さんたちと同じ。見知らぬ町の酒場巡りは、さしずめ御朱印集めでしょうか。

やがて、神社仏閣の近くには、昔ながらの渋い飲み屋が多いことにも気づきました。やっぱり、祈りと酒場は関係性がある——長くなりましたが、それがこの「開運酒場」という本を編もうと思ったきっかけです。

この本に出てくる酒場は、有名な店もあれば、ほとんど無名の店もあります。

私とカメラマン・ヨシザワのお気に入りの店を中心に、独断と偏見で選びました。この本の取材の途中でたまたま見つけ、いわゆるアポなし取材をお願いした店もいくつかあります。和洋中なんでもあり。中には酒場ですらない場所も……。

こんな脈絡のないラインナップの酒場本もそうないと思いますが、どこも素晴らしい、一度入ったら絶対通いたくなる〝名店〟ばかりだということを保証いたします。

どの店にも様々な歴史があり、様々な人間模様があります。店主は人柄も素晴らしく、通ってくるお客さんも愛すべき人たちばかり。そういう店で飲んでいると、じわじわと運気が上がって来るような気がします。

そんな店は、皆さんの周りにもたくさんあるはずです。本書を参考に、あなただけの「開運酒場」を見つけていただければ幸いです。

最後に、取材に協力して下さった各地・各店の関係者の皆様に厚く御礼申し上げます。取材を通して、相当良い運気をチャージすることができました。

そして、こんな奇抜な企画を「面白い！」の一言で通してくれ、多忙なのに本書のデザインまで手がけてくれた自由国民社の竹内さんに感謝します。ぜひ第2弾もやらせて下さい。

そして相棒のカメラマン・ヨシザワ。最初はよくある酒場ガイドの体に仕上げたのですが、初稿を読むなり「こんな普通のホン、ホントの酒飲みは読みたくない」との一言が、この妄想まじりの不思議な文章を生み出しました。これが、どれくらい「ホントの酒飲み」に受け入れられるか分かりませんが、個人的には気にいってます。

さ、そろそろ飲みに出かけようと思います。明日がより良い日であることを祈って。

いからしひろき

２０１９年3月吉日

※本作は実在の場所や店への取材を元にしていますが、状況設定など、一部フィクションが含まれています。

【参考文献】

「居酒屋の誕生」筑摩書房／飯野亮一

「日本の居酒屋文化」光文社新書／マイク・モラスキー

「居酒屋の戦後史」祥伝社新書／橋本健二

芳澤 ルミ子
（よしざわ・るみこ）
酒に目がない自他共に認める酩酊カメラマン。
著書「にゃんたま」（自由国民社）「ネコの裏側」（辰巳出版）など。

いからし ひろき
フリーライター。
「おとなの週末」「日刊ゲンダイ」ほか多数の媒体で執筆。
特に旅と酒場取材が得意。

開運酒場《かいうんさかば》

二〇一九年（令和元年）五月六日　初版第一刷発行

著　者　芳澤ルミ子
　　　　いからしひろき
発行者　伊藤　滋
発行所　株式会社自由国民社
東京都豊島区高田三―一〇―一一
〒一七一―〇〇三三　http://www.jiyu.co.jp/
振替〇〇一〇〇―六―一八九〇〇九
電話〇三―六二三三―〇七八一（代表）
造　本　ＪＫ
印刷所　横山印刷株式会社
製本所　新風製本株式会社